歴史文化ライブラリー
290

「国語」という呪縛

国語から日本語へ、そして○○語へ

川口 良
角田史幸

吉川弘文館

目　次

日本語を再び考える—プロローグ……………………1

日本語はだれのものか？／日本語の混血性、多元性／それぞれの言語／日本語への誤った思い込み／国語から日本語へ、そして〇〇語へ／フィルター（色眼鏡）をはずすために／視点の移動と転換／総合と全体性への努力

国語とは何か

はじめに……………………16

そもそも国語とは何か／国語と日本語は同じか／多言語国家フィリピン／「イコール」の思い込み

国語と国家公用語……………………23

国語と国家公用語は同じか／国語と国家公用語は同じでない—フィリピンの場合—／スイスと中国の場合／国語に隠された民族の問題／国語は大和民族の言語か／蝦夷・アテルイの戦い／日本の国語は日本語とアイヌ語とさらに……／琉球語か沖縄語か、あるいは沖縄「方言」か／国語の歴史が孕むもの

国語と「標準語」……………………………………39

再度、国語とは何か／近代的民族・国民国家形成のための国語／国語の不在／日本語の貧しさ？／作り出された国語／国語の正体とは何か／理想的彫琢？／『口語法』の効力／『口語法』から捨てられたもの／国語と日本語は同じでない

国語から日本語へ

国語と和語をめぐって……………………………………62

借用によらない日本語？／漢字＝漢語がなかったら／漢字＝漢語の造語力／「ゆきぐに」は純粋な和語か？／和語の漢語化／漢語の和語化／“snow”は訓読みで「ゆき」、音読みで「スノー」と読む／「二重」混血言語＝日本語／漢詩・漢文隆盛の平安時代／和漢混淆文／大和言葉幻想、純粋な和語を求めて／雑種混血の『万葉集』／大和言葉幻想の迷妄／漢字文としての『古事記』／『古事記』は「よめる」けれども「よめない」／定まらない訓み―天地初発之時―／宣長の錯覚／『死産される日本語』

国語科か日本語科か……………………………………91

国語という教科の拘束力／なぜ日本語科ではいけないのか／日本国民のための国語教育・外国人のための日本語教育？／国語教育という錯誤／使い分けは正しいか／「泣くに泣けない」学校文法／「国語」学会から「日本語」学会へ／「国語学よ、死して生まれよ」／結論　国語とは何か

日本語とは何か

「外」から見た「日本語」……………………………………110

日本語教育とは／国語教育とは／日本語教育の文法と国語教育の文法／学校文法（国語教育の文法）の品詞／学校文法の活用／品詞分類はなぜ必要なのか／品詞に境界線はあるか／言語変化に見る品詞の連続性／国文法から日本語文法へ／「国語」教育から「日本語」教育へ

侵略戦争と日本語教育……………………………………128

侵略戦争とともに拡大する日本語教育／台湾における日本語（国語）教育の始まり／皇民化教育へ／朝鮮半島における日本語（国語）教育の始まり／「内鮮一体」の同化教育／「朝鮮人」と「日本人」／『カンナニ』／南洋群島の日本語教育／拡大する「同化教育」／輸出される「日本文化」（東南アジアにおける日本語教育）／「神の国日本のための戦い」／其ノ武器ハ日本語ナリ／言語の「暴力性」

日本語から○○語へ

温存されるキーワード「民族」「日本精神」「日本文化」「日本語」…164

「日本文化＝日本語」という図式／だれの「日本文化」？／「言語に刻印された文化」？／「言語が境界を作る」？／「アイデンティティ」と「言語」／「日本語」の境界線は？

境界を越えて―「日本語」の解体― …… 180

「日本語教育文法」の見直し／「おもしろいでした」と「おいしいだ」／「日本語教育文法」の限界／ネイティブとノンネイティブの境界は？／「母語」＝「日本語」？／エクソフォニー―「母語の外へ出る旅」―／日本語のようなもの

言語そのものへ―エピローグ …… 195

ソシュール／ウィトゲンシュタイン／曇りのない目で

あとがき

参考文献

日本語を再び考える――プロローグ

本書は、吉川弘文館「歴史文化ライブラリー」『日本語はだれのものか』（川口良・角田史幸著、二〇〇五年）の続編に当たります。前著で私たちは、「日本語はだれのものか」という問いを発し、それに答えるかたちで、「日本語はそこを訪れるだれのものでもある」という答えを導き出しました。その答えの意味をさらに深めたいと願い、続編を書くことにしました。

日本語はだれのものか？

私たちは、「日本語」という言葉を、広い意味で考えています。つまり、アジアの東隣に位置し、「日本」列島と現在呼ばれる弧状列島に、世界の各地から漂着し、混じり合って定着しつつ、また世界各地に漂流していったすべての「日本語」を指し示すものと考えます。また、文字による記録以前から現在に至るまで、話され書かれてきたすべての「日本語」を指し示すものと考えます。そうであるならば、もちろん、それは、日本列島に定着した（している）人だけのものではありません。またそれは、日本国民、日本国家の国籍を有する（有した）人だけのものでもありません。それは、世界各地から日本列島に漂着し、また漂流していったすべての人々のもの、そして、日本列島内に居住した（する）多くの外「国」人のものでもあり、また、アイヌ語やオロッコ語（ウィルタ語）を母語（第一言語）としつつも日本語を話す人々、また、歴史的経緯から日本在住を選び、あるいは強いられた人々、植民地支配や国語強制などの事情で母語を捨てざるを得なかった人々のものでもあります。

またそれは、国家公用語や日本国共通語、つまり「中央語」の話者や、また、（一部の）東京語話者だけのものではありません。それは、東北語、関東（坂東）語、関西（上方）語、九州語、（かつて日本語とは独立のものとされた）琉球語を第一言語とする人々のものでもあります。それらの諸言語を雑駁《ざつぱく》にひっくるめて、支配的な中央語の「訛《なま》った」ものの、「方言」に過ぎないものとして貶《おとし》めてきたのは、政治的、社会的作為であって、言語そのものの本質とはまったく何の関係もありません。その意味で「標準語」に対する「方言」という言葉遣いや考え方自体が、徹底的に反省される必要があるでしょう。また、完璧に標準語を書き、話せると自負する人であっても、状況や相手によって、さまざまに「訛った」言葉を使うのが本当のところです。完璧な標準語など、無味乾燥な公文書か、NHKのアナウンスの中ぐらいにしかない（アクセントや抑揚を考えれば、そこにさえない）のでしょう。

また日本語とは、これまでの「国語」史で重視されたような古典文学や古典的文章、つまり文章語として書き残されたものだけを指すのではありません。もちろん、「上代」や平安時代、武士権力の時代の記録文や文学作品、仏教の典籍などは、日本語の歴史として素晴らしい遺産です。しかし、文章語として残されたそれらの多くは、その時代の政治的中央権力に近い人々、王族や貴族、武士階級、知識階層などの人々の言葉です。それ以外の圧倒的多数の人々がそれぞれの日本語を話していた事実、歴史的資料として残される度合いは少ないけれども、言葉を伝承し、創造する圧倒的な力は民衆の話し言葉の中にある事実を考えれば、日本語とは、「国語」史に現れる人々だけのものではなく、その背後にいる、それぞれに異なった、無数、無名の人々のものでもあるわけです。

日本語の混血性、多元性

日本語とは、これら異なる位相の言語すべてのあり方を包括し、総称したものです。日本語とは、国家公用語や標準語、共通語だけを指す概念ではなく、またそれらによって日本語が代表されるものでもありません。ある言語が異なる言語と接触し、雑種混血としての「中間」言語が生まれ、さらなるバリエーションとして豊富化されていく。あるときには、それは、倭語（前倭語）と漢語（中国語）のように、まったく言語系統の異なる言語同士のこともあったでしょう。そこに、多様な光彩が連続したグラデーションをなして変化するように、変容を重ねた多様な相貌が描き出されます。したがってそれを、国家とか、さらには、「国語」というような、単一性や帰属性を強く指示する観念によって規定することは不可能です。また、それを、単一の「日本民族」とか「日本文化」とかいう観念によって解釈することも、同様に不可能です。そもそも「民族」や「文化」そのものが、その中に、身分や階層、階級、地域、職業、そして個人個人のさまざまな位相差によって、多大な差異をはらむものであり、それを、「日本」という固有名詞の単一性によって規定することなど、とうていできないからです。むしろ多元的であること、変容することそのことが、「文化」や「伝統」の本質であるといっても過言ではないでしょう。だから、日本語という言語を考えるためには（もちろんどの言語もそうなのですが）、（固有名詞の付く）国家や民族、文化などという単一性の度合いの強い観念から一旦離れてみる必要がある、ということになります。そうしたあと、ありのままの事実として何が残るかを考えるためです。

それぞれの言語

当然そこには、一人ひとりが生まれ育つ中で、何らかの言葉を自らの母語（第一言語）として慣れ親しみつつも、さらに異なる言語を学び習い、自らの言語表現を作り出すために格闘した事実が残ります。それぞれに与えられ、限定された条件の中で、それぞれが自己表現に努めた結果、その総体としてはじめて、ある種のつながりと連続性を持つ言語がそこに生み出されるのであって、その逆の順序ではまったくありません。日本語という、同一の本質と実体が先にあるわけではないのです。「農民は稲を育てて米をつくる。みかん農家はみかんの木を育ててみかんをつくる。別に、日本文化をつくっているわけではない」。「創造者たちはそれぞれに自己表現の究極を目ざしたのであった。別に日本文化をつくろうとしたわけではない。強いていえば、自分文化をつくろうとしたのである」。「そこに見えてくるのは、作者の行為とその作品なのである」（岩田慶治《いわたけいじ》「日本文化と自分文化」、西川長夫『国境の越え方』より引用）。文化も言語も、そのような創造の繰り返しによる産物です。そうなるとそれは、結局は、それぞれの人の中にしかないことになります。それぞれが、それぞれの条件の中で、それぞれの表現を紡いでいくという事実こそが、日本語とはそこを訪れるだれのものでもある、ということの本当の意味なのでしょう。

日本語への誤った思い込み

以上のような視点から、前著『日本語はだれのものか』で、私たちは、巷《ちまた》で声高に叫ばれているような、「正統で」「純粋な」日本語に戻れ、という見方を取り上げ、それが、歴史的にも社会的にも、きわめて限定された狭い視点からのものでしかない点を指摘しました。そして、より広い視野から日本語を考えることを提唱しました。ある時点、ある局面での言葉遣いの「正しさ」が仮に存在するにしても、それ自体が、多大な「ゆれ」の中にしかないし、またより広い視野から見直してみれば、それは大きな流れの中の一局面に過ぎないのであり、日本語の実際の姿は、そのような狭い視野からはとうてい捉えられないからです。

たとえば、数学者藤原正彦の手によって書かれた『祖国とは国語』である、というような主張があります。日本語が「国語」へと還元され、さらにまた、それを通して、祖国や国家という観念へと結び付けられていくことに、私たちは、危うさを感じざるを得ません。言語の事実を自分好みの色眼鏡とフィルターを通してしか見ないことと同じだからです。

その結果、日本語という言語の事実に反するような主張がなされる恐れがあります。たとえば、書記言語としての古典文語を偏重するあまり、「現代口語では助詞と助動詞が文語ほど豊富に用意されていないため、音声的に単純」であり、「現代口語は朗誦になじまない」とするような主張（同書四一頁）がそれです。しかし、格助詞の機能分化と豊富化や、補助動詞（〜ている、〜てきた）によるアスペクト表現の深化などは、まさに、現代口語の特徴であり、数多くの口語詩の傑作を見ればわかるように、「現代口語が朗誦になじまない」というのは一面的な独断に過ぎません。

また一方で、言語学者の中にも、日本語が持つ言語学的構造を、たとえば「主観型」とか「高コンテクスト」とかいうようなある種の文化概念にすりかえ、日本語話者であればだれもがその心性の内部に、宿命的にそのような文化類型を刻印されている、とするような主張が見られます。それぞれ特殊な社会的条件や歴史的脈絡によって生み出されているはずの文化や心性を、その条件や脈絡を度外視し、日本語の最も抽象的で基底的な構造から一足飛びに短絡させ、日本語話者である人間すべてを一つの文化類型へと誘導しようとするような臆断を、私たちは採るわけにはいきません。何度も述べるように、日本語は、そのような狭い視点で捉えられるものではなく、はるかに広く豊かなものなのです。

国語から日本語へ、そして○○語へ

国家と国語というようなフィルター（色眼鏡）をはずして、日本語をどのように捉えるか、それが「国語から日本語へ」というテーマに当たります。そしてさらに、日本文化や日本人的心性に短絡させようとするような日本文化論からも、日本語は解放されなければなりません。「日本」文化や「日本」人という概念自体が反省されなければならないのです。そうしたときに私たちは、もう、今までのように当たり前のものとして、日本とか、「日本」語とかいう語を使うことはできなくなるでしょう。「日本」という単一の固有名詞そのものが、反省されなければならないからです。「そして○○語へ」という第二のテーマはそこにあたります。その行き着く先に何があるのか、つまり、「○○語へ」の○○のところに何が入るのかは、私たち一人一人にゆだねられているのでしょう。そのときにこそ、日本語は、それぞれの人の、それぞれの言語として、立ち現れるに違いありません。

フィルター（色眼鏡）をはずすために

日本語のありのままの姿を捉えるために、私たちは、第一に、「国語」というフィルターをはずす必要があります。さらに第二に、「日本」語というフィルターをはずす必要があります。第一のフィルターをはずすことは、同時に、第二のフィルターをはずすことと密接につながっています。この二つのフィルターをはずした先に何が見えてくるかが、本書の道筋ともなるのですが、本論に入る前に、ありのままに物事を見ることが果たしてできるか、という問題について考えておきたいと思います。

確かに、私たちは、物事を見る際、何らかの特定の視点からでなければ、それを見ることはできません。私たちの視界（パースペクティブ）は、必ず、特定の場所や時間、視点（見る位置）や観点（志向性）によって限定されていて、そこで見られる光景はそれ自体限定されたものです。たとえば、目の前の机は、こちら側から見れば向こう側は隠れて見えず、向こう側に回れば、今度は、こちら側が見えなくなります。その全部を、一挙に同時に見ることはできません。私たちの視界に入ってくるのは物事の一部の姿だけです。したがって、その物事の輪郭の全体を一挙に認識したり、完全に客観的な姿を認識したりするのは、ことがらの性質上できないということになります。そもそも限定されたパースペクティブからしか物事を見ることのできない私たちの認識には、その視界からはみ出るもの、収まりきれないものが必ず残ることになるからです。まさにそれが、物事であり対象であるゆえんでしょう。その「真」の姿には、私たちはたどり着くことができないのかもしれません。

視点の移動と転換

私たちは、ある一定のパースペクティブからしか物事を見ることはできません。また、その認識が限定されたものでしかないことは事実です。しかし、私たちには、自分の視点そのものを入れ替えたり、変更したりする能力も、また、備わっています。たとえば、目の前の机を、通常私たちは、こちら側、つまり前向きの側から見ています。しかし、私たちには、それが裏側（あるいは下側）からも見られること、裏側（下側）から見た場合まったく違う姿をしていることに気付くときがあります。今まで当たり前のように思ってきた前向きの机の姿、通常「机」という言葉によって思い出される姿とはまったく異なった姿を物事が見せる瞬間です。そのとき、通常の自分の視点からだけではなく、他の視点からも物事は見られること、通常とは異なったものとして事物が存在していることを私たちは知るようになります。そのような体験は、いつでも、どこにでも起こり得ます。日本の歴史においても、それを中央権力の側から見るか、それとも、東北や沖縄、朝鮮民族やアイヌ民族の側から見るかによって、まったく異なる姿がそこに現れることになります。

そうした体験によって、私たちの認識はどのように変わるのでしょう。その体験のあとでは、私たちはすでに、前向きの姿だけが、つまり、自分から見た姿だけが机の姿ではないことを知っています。机という対象を十全に捉えるためにはそれだけでは不十分であって、一つの視点からではなく、他の視点からも見なければならない、そのことを知っているわけです。たとえば、前からも裏側（下側）からも、あるいは、過去（新品でぴかぴかだったとき）や未来（錆《さ》びてしまうだろうとき）からもそれを見てみなければならない。また、感覚対象としての机、用途としての机、物理的質量としての机、社会的生産物としての机など、それぞれ異なる観点からの姿をも合わせてみなければならない。そして、それぞれに異なって見える姿を総合するのでなければ机というものの姿に近づくことはできない、そのことを知っているはずです。それらのパースペクティブを総合すること以外に、机という対象の「本質」を発見する道はどこにもないのですから。

そのときにこそ、対象そのものに、つまり、それらの姿を総合した「全体」に近づく努力をする、ということが私たちに生じてきます。たとえば、実際に身体を動かして裏側（下側）に回ってみる場合もあります。身体を実際に動かせない場合でも、想像力を働かせて異なった視点に自分を置いてみる、ということができます。この、視点の移動と想像力、これが大きな意味を持ちます。自分の視点やパースペクティブを他者のそれと入れ替えることができるからです。それによって、私たちは、自分だけの固定された狭い視点からだけではなく、より広い視野から物事を見ることができます。また、自分の姿そのものを外からもう一度見直すことによって、自分の存在を、より広い世界の中で捉え直すこともできます。それがなければ、自分の視点やパースペクティブを固定した唯一のものと思い込み、自らの中に存在する変化の可能性や、他者との類似、さらには他者との混血の事実に目を閉ざしてしまうことになるでしょう。また、自分から見えたものだけが物事の「正しい」姿だと思い込み、時には、他の姿を切り捨て、さらには、他者そのものを切り捨てるということにもなってしまうでしょう。そのことが、特に二十世紀、自民族や自国への過度な思い込みを生み出し、歴史上最も悲惨な争いと多くの悲劇を生み出す原因になったことは、歴史が示すとおりです。

総合と全体性への努力

私たちは、物事や対象を何らかのパースペクティブやフィルターを通してしか見ることができません。また、物事のありのままの姿、つまり、さまざまなパースペクティブを総合した「全体」とは、くっきりとした輪郭で確定されたかたちでは与えられないのかもしれません。その意味では、対象それ自体の「絶対的」な真理というものは存在しないのでしょう。しかし、私たちは、そこに不断に近付いていく努力をすることはできます。また、自分だけの視点にしがみついたり、自と他を分ける境界線を作り出してその内部に閉じこもったりするのではなく、想像力を使って、視点を入れ替えたり、自分を外から見てみたり、自分と他者との境界線を越えたりすることができます。そして、物事のさまざまな姿を総合して、物事の「全体」を捉えようと努力することができます。自分だけの世界を「越境」し、言わば、他者の言葉、他者の視点、外の視点に立つこと、そしてそのような他者の世界と自分の世界を総合する努力をすること、それこそが、「君主よりも旅人の声に鋭敏に耳を傾ける」「漂泊の知識人」とE・W・サイードが書き記したような、知の誠実さなのだと思います（『知識人とは何か』）。

そのとき、かつては内側だけから見ていた自分の世界は大きく変容を遂げているはずです。物事の「全体」とは、確定されてある「終着地点」というよりは、この「総合」という私たちの作業をそこへと導いていく「方向」のようなものです。その先に何があるか確定していないけれど、とにかく私たちは、物事の、そして私たち自身のより十全な姿を求めて、その「方向」に向かう努力をすべきでしょう。私たちは、何らかのフィルター（色眼鏡）なしに物事を見ることはできない。しかしだからこそ、それを、単色の狭い視野のものから、より複合した広い視野のものへと取り替えるよう努力することができるし、またそうすべきである。これが本書の立場であり、以下の叙述は、そうした努力の道筋です。

国語とは何か

はじめに

そもそも国語とは何か

そもそも「国語」とは、何なのでしょうか。ためしに辞典を引いてみましょう。

「国語」という語は以下のように定義されています。

国語　①その国において公的なものとされている言語。その国の公用語。自国の言語。
②日本語の別称。
③漢語・外来語に対して、本来の日本語。和語。やまとことば。
④国語科の略。

また、別の辞典によれば次のように定義されています。

国語　①ある一国における共通語または公用語。その国民の主流をなす民族が歴史的に用いてきた言語で、方言を含めてもいう。
②特に、わが国で、日本の言語。日本語。みくにことば。邦語。
③借用によらない、日本固有の語。漢語、外来語に対していう。和語。やまとことば。
④学校教育の教科の一つ。日本の言語および言語文化を取り扱う。「漢文」と対置または併称され、またこれを内容に含む場合がある。

前者は、現代日本語の語彙《ごい》や文法の規範として最も一般的であると自他ともに認めている『広辞苑』（岩波書店）からであり、後者は、圧倒的な質量を誇る『日本国語大辞典』（小学館、全十三巻）からです。双方とも、四つの定義を並列させるという同じ構成を取っているところからもわかるとおり、これらが、「国語」という語の定義としては最も標準的なものでしょう。私たちは、順次この定義に沿ってその検討をしたいと思います。そして、それが本当に意味しているもの、言外に意味しているもの、見落としたもの、あるいは、故意に隠しているものを明るみに出しつつ、最終的には、それらを改定して私たち独自の「国語」の定義を打ち出したいと考えています。

国語と日本語は同じか

国語というフィルターをはずして日本語を見るための手がかりとして、まず両者の関係を説明した以下の文章を引用します。これは、日本における「国語学」の総元締めとも言うべき国語学会から出された『国語学大辞典』（一九八〇年〈昭和五十五〉初版）からのものです。この国語学会は、多くの激論の末、二〇〇四年（平成十六）に日本語学会に改称されて現在に至っていますが、その辞典の「国語学」の項に、次のように国語の定義がなされています。

国語は、字義からすれば一国の言語で、フィリピンの国語、韓国の国語などということができるが、一方、国を、自国の、わが国の意味で用いる慣わしがあって、われら日本国民にとって日本語をそのまま国語という。われわれの国語学もまた日本語を対象とするものである。

「われら日本国民にとって日本語をそのまま国語という」。すなわち、日本語はそのまま国語である、また逆に、国語はそのまま日本語である、ということのようです。一見すると、これはまったく自明の等式のように見えます。私たちは、自明のように見えるこの等式を疑うところから出発しましょう。日本語を、国語というフィルターから、より広い視野のものへと転換するためです。なぜそのような作業が必要なのか。それは、国語という概念が狭く限定されたものに過ぎないからです。そして、国語という語の意味やその指示対象と日本語という語の意味やその指示対象とは同じでないにもかかわらず、両者を等しいとすることは、概念の混乱だからです。まさにその混乱が、日本語の事実の多くの部分を覆い隠してしまうことになります。

多言語国家フィリピン

たとえば、今出された例で言えば、「フィリピンの国語」とはいったい何語のことなのでしょうか。フィリピン語という言語があるのでしょうか。フィリピンという「一国」の言語の事実、それは、驚くべき多言語状態としてあります（図1を参照してください）。

スペイン語、英語、マレー語、アラビア語などに始まって、スペイン語系のクレオール（混血・混合）諸語やフィリピン諸語が重層的に混在しています。オーストロネシア語族に属するこのフィリピン諸語は、数多くのバリエーションを含み、母語話者数ではセブアノ語を筆頭として、マニラ周辺地域のタガログ語、イロカノ語、ヒリガイノン語、ビコル語、そしてマギンダナオ語など~~一〇~~大言語が数えられ、さらに、~~一〇〇~~以上（これらは暫定的に言語を数として数えたものですが、現実には、言語は無限のバリエーションとしてあって、数えられるものではないので、取り消し線をつけました）の中小言語が存在すると報告されて

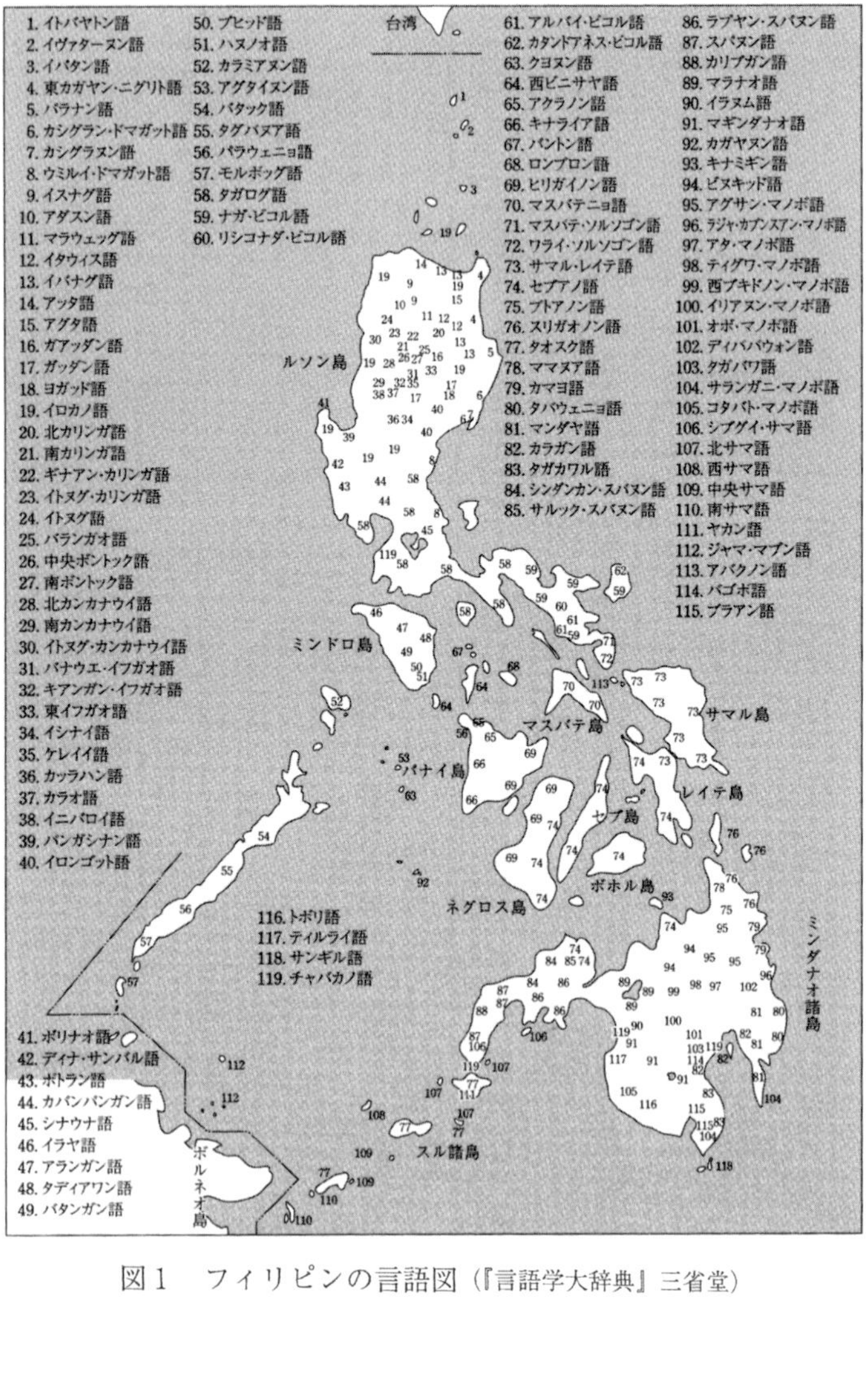

図１　フィリピンの言語図（『言語学大辞典』三省堂）

います（『言語学大辞典』三省堂）。人口の九〇％以上がキリスト教徒である中、マギンダナオ語がミンダナオのムスリムの人々の母語であるように、これら数多くの諸語は、地域や宗教、階層や集団の差異に応じて並存し、しかも、それぞれが他の複数の言語と混ざり合って混合状態を形成している、しかも、同じオーストロネシア語系統に分類される諸語同士でも、お互いの意思疎通が困難である（この点は、「同じ」日本語における東北語と沖縄語も同様）と言われています。

「イコール」の思い込み

その中で、国語とは、果たして何を指すものなのでしょうか。これら混在・混合言語のすべてを国語だとすれば、「一国の言語」＝（イコール）「国語」ということになるのでしょうが、現実的には（国家政策的には）絶対にそのようなことにはならず、「国語」を特定の「何々語」かに定めなければならないわけです。世界の中で、「一国の言語」＝「国語」＝「何々語」というように、その内容も意味も数も同じ等式が自然と成り立っているような「国」は、絶対にあり得ません。一つの国家で一つの民族が一つの言語を話し、それがその国の国語となっている、というような架空の空想的状態など存在するわけがないからです。日本がそれに当るというのは、もちろん、まったくの絵空事です。しかしそれにもかかわらず、先の定義が示すように、日本という「一国の言語」が同時に日本の国語であり、それが「わが国」の言語、つまり日本語である、とする「慣わし」があって、もしもそのように私たちが思い込んでいるとすれば、私たちは、まずその思い込みをこそ正していくべきなのでしょう。

国語と国家公用語

国語と国家公用語は同じか

「一国の言語」＝「国語」という等式が自然に成り立つものでないとするならば、国語という概念を成立させるためには、「一国の言語」に加えてさらに別の概念を加える必要がある、ということになります。そのうち、意味も内容も最も明確なものが国家の「公用語」という概念でしょう。冒頭の『広辞苑』と『日本国語大辞典』にはこうありました。

国語　①その国において公的なものとされている言語。その国の公用語。自国の言語。（『広辞苑』）

国語　①ある一国における共通語または公用語。（『日本国語大辞典』）

後者においては、公用語と共通語とを安易に並列させて、まるで同じレベルの概念であるかのように無造作に等置したことが大問題であり、前者においては、公用語のあとに、取ってつけたように、これまたまったく意味の違う「自国の言語」という言葉を安直に並列させたのが大問題です。これも、公用語と共通語、自国語がともに同じであると思い込んだ結果です。しかしここでは、とりあえず、「そもそも国語とは何か」という問いに対する第一の答えとして、国家の公用語という定義があげられていることを確認しましょう。

その定義に従えば、国語とは国家公用語である、つまり、国家というかたちを取った機構や組織が、その法令や公文書、また放送やニュースなどのメディアを通じて使用する言語である、ということになります。しかし、これではもちろん、国語の定義として不十分です。

国語と国家公用語は同じでない―フィリピンの場合―

日本の例で言えば、確かに、日本という国家の公用語は同時に共通語としての日本語であり、日本の国語もまた日本語であって、国家公用語と国語が同じであるのは自明のように見えます。けれども、先のフィリピンの例ではまったく事情は異なります。独立以前のフィリピンはアメリカの植民地としてあった影響で、英語が広く共通語として使われており、英語は唯一の共通語であり公用語でした。現在でも英語は、スペイン語と並んでフィリピンの公用語です。しかしフィリピンの公用語英語は、もちろん、フィリピンの「国語」ではありません。「国語」と言うからには、ただ単に、それが政府や公共機関によって使われているという機械的・機能的な事実だけではなく、さらに、その国家を担う人間集団、その民族性や民族的心性が問題になってくるからです。

フィリピンの場合には、独立前後のナショナリズムの高揚とともに、「民族」の言語を求める運動が起こります。タガログ語公用語化、国語化の運動です。タガログ語は、もともとマニラ周辺地域（メトロ・マニラ）を含むルソン島南部で話されていた地域語ですが、一九三七年に国立言語研究所によって新たな「国語」の基礎となる言語に選定され、一九五九年の文部省令で新国語「ピリピノ」と名付けられます。そして、一九七三年発布の憲法で「フィリピノ」（フィリピン語）に改称され、現行の一九八七年憲法で正式に「国語はフィリピノ語である」と定められたのです。

しかし、なぜ、タガログ語（の変形）であり、他の言語ではなかったのか。もちろん、そこには、言語そのものの性質の問題とはまったく異なる問題、つまり、政治的・経済的・社会的問題がからまってきます。国家としてのフィリピンの政治権力、経済的・社会的支配の中枢がルソン島の一部地域に、とりわけメトロ・マニラ地域の、タガログ語を母語とする人々の居住する地域にあった、という歴史的事実がそれです。そしてまた当然、その集団の持つ政治的・経済的力を背景にして、次第に、タガログ語（とその変形）が他の地域にも浸透していった事実があります。その意味で、タガログ語は、ある程度共通語としての性格を有していました。しかし、それを国家の公用語として定めるためには、ましてそれを、国語として定めるためには、憲法による規定というような政治的決定、人為的決定が絶対に必要でした。そのような中央語や中枢民族の対極には多くの他言語、他民族の存在があり、当然そこには、抵抗もあり、また抑圧もあるからです。現に、タガログ語を国語とする一九七一年の憲法制定会議は大もめにもめ、一九七二年には戒厳令すら敷かれ、その中で「国語フィリピノ語」（実態はタガログ語）がようやく誕生したのです。国語は、単に機能的な概念である国家公用語や共通語とは大きく異なるのです。

スイスと中国の場合

フィリピンの場合、国家公用語は英語とスペイン語と国語（フィリピノ語）、と定められ、国語は国家公用語よりも狭い範囲のものとなっていました。

その逆の場合もあります。これまた多民族・多言語国家であるスイスにおいては、実際に用いられる公用語はドイツ語、フランス語、イタリア語の三言語であるのに対して、少数民族の言語レト・ロマンス語が、一九三八年の国民投票の結果、それらに続くスイス第四番目の「国語」であると定められています。当然のように、そこには、レト・ロマンス語を母語とする人々の主張と運動が背景にあるからでしょう。

また、私たちが通常、中国語と、国家概念を混入させて呼称している言語は、実は、もともと、「中国語」として存在しているものではありません。存在しているものの実態は、言語学上、シーノ（漢語）・チベット語族（言語学上の呼称）の系統に分類される北京語（北方語の「規範」型）です。その北方語以外に、現代「中国語」と総称される言語には、揚子江流域の呉《ご》語・贛《かん》語・湘《しょう》語、客家《ハッカ》語、台湾を含む閩《びん》語、広州を中心とする粤《えつ》語など、それぞれ大きく異なった~~七~~言語が存在すると言われています（この数も仮のものですから取り消し線を引きました）。そしてそれらは、書き言葉ではかなり共通の意思疎通ができるものの、日本における東北語と沖縄語のように、話し言葉では、意思疎通が困難な場合もあると言われています。その中で、北京語が、共通語、公用語、標準語という資格を認定されているのは、それが言語学上、中国国内の他の諸言語よりも「優れている」という理由からではありません。そうではなく、現政権の中枢がそこにあり、中央政府の公文書から放送に至るまでのほとんどの情報が北京語によってなされている、そしてさらに、北京語の語彙《ごい》や音韻を「普通（あまねく通じる）話」とし、それをもとに国家の総力あげての教育政策、「標準語」政策を行なった結果です。その結果、全人口の約五割強が北京語を理解するようになった（それでもやっと五割）、つまり、それを中国国内の共通語として使えるようになった、と言われています（『中国語言文字使用情況調査』）。

しかし、中国国内では、北京語はあくまでも「普通話」であって「国語」ではありません。学校でも、「国語」などという教科はなく、「語文」という教科があるだけです。そこには、多民族・多言語国家としての中国の事情が色濃く影を落としているのでしょう。北京語を中国語として受け取っている、つまり、それが中国の「国語」であるかのように受け取っているのは、「国語」という語にあまりにも慣れ親しんだ（つまり、縛られた）私たち日本人の錯覚と言えます。

国語という場合には、このように、国家の政策的、法的決定が大きな意味を持ってきます。ちなみに、多言語の坩堝《るつぼ》であるヨーロッパ諸国では、ほとんどの国々が、何らかのかたちで言語に関する法律（言語法）を持っています。憲法で言語の地位規定を明確にしている場合もあります。言語法などない、また、なくて済ませられるので、一見すると単一言語国家のように見える（これはもちろん、空想的思い込みなのですが）現在の日本の事情からは、なかなか想像ができません。

国語に隠された民族の問題

このように、国語には、単に、国家の公文書などで使用されている言語という以上の意味が重ねられてきます。なぜそれが国語という資格を認定されたのかという問題には、単に機能的な条件だけではなく、その奥に潜む歴史的、政治的条件が覆いかぶさってくるからです。端的に言えば、国語には、その国家における中枢権力を、どの言語を母語とする人々が担っているか、つまり、どの民族が主に担っているかということが大きく作用してきます。国語という概念がいやおうなく、権力的色彩を色濃く帯びざるを得ない理由もこの点にあります。

実は、先の（二三ページの）『日本国語大辞典』の国語の定義は、あえてその半分を隠しておいたもので、本当は、そのあとに次のような言葉が付け加えられていました。

国語　①ある一国における共通語または公用語。その国民の主流をなす民族が歴史的に用いてきた言語で、方言を含めてもいう。

しかし、これは、正直ではあるけれど、かなり「きな臭い」においがただよってくる言い方でしょう。国民の主流をなす民族とは一体何であり、また、それは、どのようにして決められるのでしょうか。主流をなす支配的民族があれば、必ずその対極に、支配された民族、圧迫され、排除され、あるときは絶滅すらした民族が存在します。その民族の言語は国語たり得ないと、言外で言っているのと同じですから。支配的民族の言語が国語となる資格を得、そうでない民族の言語はその資格を失う（奪われる）過程、当然そこには、血で血を洗う戦いや争いがあった（ある）でしょう。たとえば、先のフィリピンの例で言えば、タガログ語を国語と規定した国家やその中心的地位にある民族の支配に対して、もともと蔑称《べっしょう》であった「モロ」という名前で呼ばれるムスリムの人々が自分たちの権利を主張して、現在でも解放闘争を続けています。また、スペイン語やフランス語の支配圏の中の、バスク語というまったく系統の異なる言語が話されている地域では、フランス、スペインという国家からの独立を求める運動がなお根強く残っています。

国語は大和民族の言語か

このように、ある特定の支配的民族の母語が、国語、つまり国家語という地位を獲得する過程は、まさに、政治的・経済的な支配権をめぐる民族的、階級的戦いと並行するのが常です。それに対して、日本の場合はそうではない、そこには民族間の争いや葛藤などなく、日本語が国語であり国語が日本語であるのは自然のなりゆきで自明の事実だ、と言うかもしれません。たとえば、国語学、日本語文法論の大家、山田孝雄《よしお》は次のように言い切っています。「我々の国語と認むるものは日本帝国の中堅たる大和民族の思想発達並びに思想交渉の要具として使用しつつ在り、使用し来つた言語をいふのである」（『国語学史要』）。今から思うと旧《ふる》い言葉遣いを残している点は差し引いて考えるべきでしょう。しかし、国家の主流・中堅をなす民族が歴史的に使用し来《きた》った言語として国語を捉えている点は、現代の国語学辞典の定義とまったく同じであり、国語＝日本語＝日本民族（大和民族）の言語、という等式を疑いなく言い切っている点では、まったく同一であると言わざるを得ません。ではそのとき、その日本（大和）民族の言語が国家語としての地位に達するまでに、どのような歴史が繰り広げられたのでしょうか。歴史の事実を知っている私たちは、そこに、流血の歴史があったことを否定することはできません。

蝦夷・アテルイの戦い

山田孝雄の言う、その大和民族による古代王権が支配権を獲得していく過程には、他部族、他民族への侵略と征服の歴史が繰り返されました。南九州地方（と想像される地方）の熊襲《くまそ》や出雲《いずも》、東国などへの征服の歴史は『古事記』『日本書紀』を介して想像するしかありませんが、史実に残っている最古最大の侵略と征服は、蝦夷《えみし》と蔑称された東北地方の民族に対するものでしょう。奈良朝末期から平安朝初期にかけて、阿弖流為《あてるい》を指導者とする、中央権力に服属しない東北民族に対して、数万の軍勢による侵攻が繰り返され、最終的には、坂上田村麻呂《さかのうえのたむらまろ》を征夷（「蛮族」である逆賊を懲らしめる）大将軍とする侵攻軍によって、多くの殺戮《さつりく》とともに東北は征服されます。和議を申し出た阿弖流為と母禮《もれ》は河内で謀殺されたと伝えられています。大和朝廷を震えあがらせたこの反乱を鎮圧したことで、王権はその全国土統一に向けて大きく伸長したため、従来この戦闘は、国家統一のための偉大な一歩として、「征夷」大将軍の呼称とともに、支配権力の側から評価されるのが常でした。しかし、近年は、蝦夷と呼ばれた東北民族の生活や文化が、縄文やアイヌ文化との共通性などとともに高く評価され、その指導者、阿弖流為とともに、郷土を侵略から守るために抵抗した戦いを顕彰《けんしょう》しようとする動きも盛んになってきました。歴史を表からだけでなく、裏からも眺める必要性を痛感させられます。

日本の国語は日本語とアイヌ語とさらに……

さらに、時代を下ると、中央集権体制の確立した徳川幕藩体制下における他民族への圧迫が目に付きます。松前藩を武力的背景とした和人たちの政治的、経済的圧迫に苦しんでいたアイヌ民族は、指導者シャクシャインのもと、一六六九年（寛文九）に松前藩に対して蜂起します。蜂起はシブチャリ（現日高地方）を中心とした各地で発生し、一時は、松前を目指してクンヌイ（長万部《おしゃまんべ》）にまで迫りますが、幕府の指示による東北諸藩連合軍の参加ののち、和睦交渉の場に赴いたシャクシャインは、これまた謀殺されて、結果として抵抗の戦いは鎮圧されます。その後のアイヌ民族の歴史は、特に明治政府樹立以降の北海道開拓と入植政策を受けて、経済的、社会的な衰退を余儀なくされました。特に、伝統的な狩猟や漁労を禁じられたばかりか、「旧土人」という分類に差別的に区分され、政府の定めた居住地区に強制移住させられたりするなど、過酷な人権侵害を受けてきたのがアイヌの近代史です。とりわけ、「母語アイヌ語が公教育の場で禁止され、日常会話においても民族語の機会は失われていった」（『日本大百科全書』）ことが大きな影響を持ちました。現在、その先住民族としての権利と、特に、文字を持たない言語などの文化の伝承と復権が緊急に求められています。二〇〇七年（平成十九）の「先住民族の権利に関する国連宣言」を受け、国会で、「アイヌ民族を先住民族とすることを求める決議」が可決されたのは、二〇〇八年のことです。

もしも万が一、過去において、日本の封建制権力と絶対主義権力が民族共生と多文化・多言語政策を採っていたならば（そんなことはあり得なかったでしょうが）、現在もなお、北海道・東北地方を中心として、アイヌ民族が、人口、経済、政治、文化の面で十分な存続と繁栄を果たし、もしかしたら、スイスのレト・ロマンス語のように、話者は少数であるけれど、「一国の言語」を構成するものとして国語の地位を認定されていたかもしれません。日本の国語は日本語とアイヌ語（と、さらに琉球＝沖縄語）、という事態を想像することも可能なのです。もちろん現在も、話者は少数であるけれど、アイヌ語は日本の中で、れっきとした「一国の言語」を占めています。この事実から見ても、国語を日本（大和）民族の言語と単純に規定する視野の狭さは明らかです。

琉球語か沖縄語か、あるいは沖縄「方言」か

さらにまた、薩摩藩による琉球（沖縄）への侵略と征服も目に付きます。沖縄には、十五世紀初頭から統一国家としての琉球王国が存在しており、中継貿易で一定の繁栄を遂げていました。しかし、幕藩体制成立直後の一六〇九年（慶長十四）、明《みん》との貿易の権利を手中にする意図を持つ幕府の許可の下、薩摩軍約三〇〇〇名が奄美と沖縄への侵攻を開始、二〇〇年の平和の結果ほとんど軍備のなかった琉球王国は蹂躙《じゅうりん》され、首里《しゅり》城は陥落します。その後琉球王国は、実質的に薩摩藩の服属国として支配下に置かれ、明治維新後、明治政府によって派遣された軍隊と警察の監視のもと、強制的に琉球藩へと改編、最終的には沖縄県として大日本帝国へと編入させられます。独立国琉球王国はここに消滅します。大日本帝国で日本語がまさに国家語として確立される過程と同時に、ちょうどそれと並行して、琉

球語は、日本語の一「方言」（沖縄方言）としての地位にまで「格下げ」され、琉球語という名称は世界の言語地図の上から消滅する（させられる）ことになるのです。

そこで行われた教育のあり方を、社会学者の小熊英二《おぐまえいじ》は、「あらたに編入された支配地域に大日本帝国がどのような教育を施すのかの原型をかたちづくってゆく」と特色付けています。とりわけ、「内地」の言葉である日本語は、沖縄の人々が「同化せねばならない標準」としての「普通語」「国語」とされる一方、現地の沖縄語は、「優勢なる言語所謂《いわゆる》普通語の為めに撲滅せらるべき方言」（『琉球教育』一九〇三年）とされ、「方言札《ふだ》」に象徴されるような苛烈な標準語励行運動（方言撲滅運動）が公教育の場などで強力に推進されました（小熊英二『〈日本人〉の境界』）。一八八〇年（明治十三）、国定教科書に先駆けて出版された国語教科書『沖縄対話』を見ると、当時の教育界が、沖縄「方言」を標準語（と言ってもかなり不自然な言葉ですが）へと矯正する方策に、いかに血道をあげていたかがわかります（図2中のカタカナのルビが沖縄「方言」を表します）。

今日ハ《チユウヤ。》、誠ニ《マコトニ》、長閑ナ《エー。》、天氣デ《テンチ。》、ゴザリマス《デービル。》。左様デゴザリマス《アンデービル。》、

（図2参照）

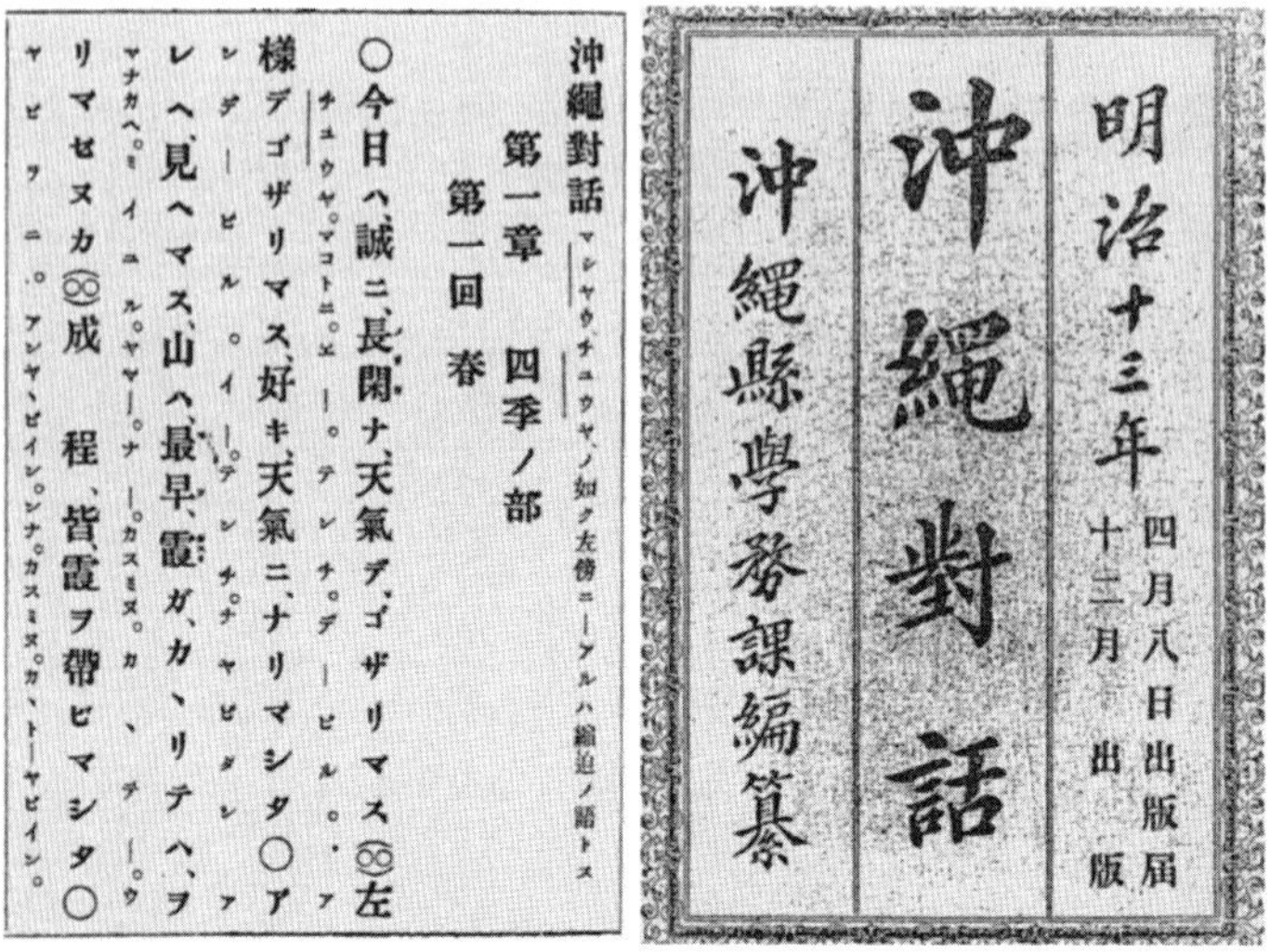
明治十三年 四月八日出版届 十二月出版
沖繩對話
沖繩縣學務課編纂

沖繩對話 マレヤウチユウヤノ如ク左傍ニーアルハ縮迫ノ語トス
第一章　四季ノ部
第一回　春
○今日ハ誠ニ長閑ナ天氣デゴザリマス左
チユウヤ。マコトニ。ヌー。テレチ。デービル。・ア
樣デゴザリマス好キ天氣ニナリマシタ○ア
レデービル。イー。テレチ。ナヤビタレア
レハ見ヘマス山ハ最早霞ガカヽリテヘヽヲ
マナカヘ。ミイユル。ヤマー。ナー。カスミヌ。カ、テー。ウ
リマセヌカ成程皆霞ヲ帶ビマシタ○
ヤビラニ。アレヤ、ビイレ。ンナ。カスミヌ。カ、トーヤビイン。

図2　沖縄対話

確かに、音韻対応の規則によって、言語学上、沖縄語が日本語と同系統の言葉であることは事実です。しかし、沖縄語と九州や本州の日本語とのあいだには、語彙、発音など広範囲にわたり、同じラテン系統語であるイタリア語とスペイン語以上の差異があると言われています。私たちは、イタリアとスペインの言語について、片方を片方の「方言」などと呼びません。そんなことをしたら相手に対して大変に失礼であり、大きな政治的問題になるでしょう。だとしたら私たちは、独立語である両者よりもさらに大きな隔たりを持つ沖縄の言葉を、安易に、「方言」

などと呼ぶことを差し控えなければならないでしょう。現実の歴史の中で、大日本帝国形成に並行して、一つの独立語を「方言」の地位にまで貶《おとし》め、さらにその撲滅を企てる、というような運動が起きた事実を、歴史の反省の一端にしなければならないと思います。

国語の歴史が孕むもの

したがって、「祖国とは国語」である（藤原正彦『祖国とは国語』）などと安易に言うことは、控えなければならないのです。国語の成立の裏には、民族と民族とのあいだの支配と抑圧、服従と抵抗というような流血の歴史が隠されているからです。今まで見てきたように、日本の国語もまた同じです。先にあげた『祖国とは国語』の中で藤原正彦は、「言語を損なわれた民族がいかに傷つくかは、琉球やアイヌを見れば明らかである」と書いていますが、その琉球語やアイヌ語を「損なった」のは、まさに「国語」を成立させた、「日本」の歴史過程だったことに、彼は気付いているのでしょうか。また、「国語とは、中堅である大和民族の言葉だ」と山田孝雄が言い切るとき、あれほどの熱情をもって母語日本語を愛し、だからこそ文法論にあれほどの切れを見せた国語学の大家、山田孝雄の脳裏に、その大和民族が支配民族となるに際しての「負の遺産」が、つまり、国語成立の歴史が負うべき「負の遺産」が、思いかすめることはなかったのでしょうか。本当に母語日本語を愛するのだとしたら、それが負っている

「負の遺産」にしっかり目を留める必要があるのだと思います。諸民族のあいだの平和共存と共生、もろもろの言語を母語とする人々のあいだでの対等な関係を私たちが望む以上は、そうすべきです。そのとき私たちは、国語という語とその概念に対して、自省的、かつ自制的になっているに違いありません。

国語と「標準語」

再度、国語とは何か

『日本国語大辞典』の国語の定義

①ある一国における共通語または公用語。その国民の主流をなす民族が歴史的に用いてきた言語で、方言を含めてもいう。……

これは、当の執筆者の意図は別として、国語の存在の背景にある「負の遺産」を正直に打ち明けているものでもある、と言えるでしょう。しかし、少し考えれば、それに対して次のような疑問がすぐに生じてきます。その国民の「主流となる民族」とは、一体何のことなのか。それは歴史的に一貫して同じものである（あった）のか。また、その民族が用いてきた言語は常に同じものである（あった）のか。その民族の言語が果たして国語なのか。つまり、国語とは、本当は何を指すのか。これらの疑問に答えるために、私たちは、いよいよ、国語と言われているものの実態に迫ってみる必要があります。

結論を先に言ってしまえば、近年の多くの研究が示すとおり、そもそも国語という語や概念そのものが、最近の時代に生まれたもの、特殊な限定されたものに過ぎないのです。またそれは、言語それ自身の歴史に内在して自然に発生したものではなく、政治的、かつ人為的に作り出されたものなのです。国語という語も、それが指し示す言語の実態も近代的国民（民族）国家の形成が急務とされた明治期の初頭から大正初期にかけて作り出されました。その事情を見てみましょう。

近代的民族・国民国家形成のための国語

近代的中央集権国家の誕生以降、西欧の知識と技術導入による富国強兵策に邁進《まいしん》し始める明治十年代を経て、日清戦争勝利を契機に、国家意識高揚の時代がやってきます。近代的民族・国民国家としての統一体、「想像の共同体」（ベネディクト＝アンダーソン『想像の共同体』）を作り上げるために、さまざまな国家装置と並んで、何よりも必要とされたのは、統一的な「国語」の存在でした。アンダーソンはそれを、一箇所で出力すればあらゆるところで同じように電力がアウトプットされる、国家の配電盤装置にたとえています。そのような配電盤装置がなければ統一国家は維持できない、国家の統一性・単一性を証明するものこそ国語の単一性、つまり国家語の単一性だ、という考えが近代的民族・国民国家形成の中心にありました。当時の著名な国語学者大槻文彦《おおつきふみひこ》（彼の手による『口語法』こそ、近代的口語としての国語の文法創出に決定的な役割を果たしました）による次の文章などは、そのような国家意識を背景にして、国語の必要性を声高に表したものでしょう。

一国の国語は、外に対しては、一民族たることを証し、内にしては、同胞一体なる公義感覚を団結せしむるものにて、即ち、国語の統一は、独立たる基礎にして、独立たる標識なり。されば、国語の消長は、国の盛衰に関し、国語の純、駁《ばく》、正、訛《か》は、名教に関し、元気に関し、国光に関す、豈《あ》に、勉めて皇張せざるべけむや。

（大槻文彦『広日本文典別記』序論）

また、国語の存在を次のように、民族の精神や文化と直結させて称賛した上田万年《かずとし》（標準語創出に向けて多大な権威をもった国語調査会を主導した国語学者）の言葉もあります。

言語はこれを話す人民に取りては、恰《あたか》も其《その》血液が肉体上の同胞を示すが如く、精神上の同胞を示すものにして、之《これ》を日本国語にたとへていへば、日本語は日本人の精神的血液なりといひつべし。日本の国体は、この精神的血液にて主として維持せられ、日本の人種はこの最もつよき最も永く保存せらるべき鎖の為に散乱せざるなり。

（上田万年「国語のため」『明治文学全集44』）

国家意識、民族の文化や精神と国語が密接に結び付けられる実例の先駆をここに見ることができます。もちろん、彼らは、ヨーロッパ言語学（当時は「博言学」と呼ばれ、各「国」の言語の歴史、つまり「国語」の歴史を比較研究する学問でした）を学び、その最先端の知識を持った人々であり、決して偏狭な色眼鏡で言語を見ていたのではありません。しかし、逆にそうであったからこそ、すなわち、西洋諸語や、それらを国語とする国家の伸張の事実を見ていたからこそ、西洋諸語に負けないような日本語、国家語と呼ぶにふさわしい資質を有した日本の国語「創出」に、あせりと渇望を感じていたのでしょう。

国語の不在

今、「創出」と括弧《かっこ》書きしたのですが、そのことが非常に大きな意味を持ちます。これほどまでに声高に国語の必要性が強調され、しかもそれが民族の精神発揚と結び付けられたということは、実は、裏を返せば、当時、「これこそが国語であり日本国家の言語である」というような資格を与えられるだけの統一的な言語がほとんど存在しなかった、ということを意味します。それどころか当時、日本語は、上記のような檄文《げきぶん》が登場せざるを得なかったほどに、まさに四分五裂《しぶんごれつ》の状態だったのです。国語という語が頻繁に登場し、その必要性が声高に主張されるようになるのは明治二十年代から三十年代にかけてですが、そのような主張がなされる前提となった当時の日本語の状況がいかなるものであったかは、概略次のようです。

片方に、過去の武家政権での公式の言葉として使われた漢文訓読体があり、それが依然として、公文書などでの唯一の「標準的」な書き言葉、唯一の「共通語」として幅を利かせていました。それに加えてさらに、開国と文明開化によって、社会の新しい概念を表現する必要が生じ、漢語による造語が大量に創出されて巷《ちまた》に氾濫します。後年、柳田国男が、近頃農村の婦女子でさえも「関係だの例外だの全然だの反対だの」とかいう「悪趣味な」漢語を得意げに使うようになった、と嘆いているのは有名な逸話です（柳田国男「標準語の話」『標準語と方言』）。今では、それらの新造漢語を使わなければ、論文や書物など、ほとんど何も書き表せません。現代で言えば、「アイデンティティ」などのようなカタカナ語や和製英語の氾濫を嘆く高名な学者たちの繰言《くりごと》と似ています。

また、漢文訓読体や新造漢語の氾濫に対し、他方で、話し言葉をなんとかそのまま書き表そうとする運動が起こります。明治十年代ころから始まる言文一致運動です。しかし、話し言葉をそのまま書き言葉にするといっても、その話し言葉そのものが定まっておらず、四分五裂の状態だったのですから、ことは容易でありません。

その四分五裂さは、第一に、「おくにことば」と呼ばれる地方ごとの言語の差異が濃厚だったことによります。当時の「くにぐにのなまりことば」について、三宅米吉《みやけよねきち》は、「六十あまりの国々が分かれて、あたかも独立したようにわがまま勝手にその風俗を作り上げ、言葉も色とりどり、ちょっと山里に入っただけで、お互いに言葉が通じず、まったく意思疎通できない」（三宅米吉「くにぐにのなまりことばにつきて」『かなのしるべ』から現代語訳）と書いています。

地域による差異に加えて、職業、階層、身分、性別などによる言語の位相差も多大なものがありました。そのような言語の状況の中で、話し言葉をそのまま書き込むことによって、何とか言文一致の小説を書こうという努力がなされたのですが、今それを読むと、作者の涙ぐましい努力とともに、当時の話し言葉の持つ四分五裂の様相、というよりも、百花繚乱《ひゃっかりょうらん》、多言語・多文化の粋を尽くすような様相がわかり、なんだか逆に、ほっとした気分にさせられます。その代表的な例が、言文一致運動の旗手とも言うべき坪内逍遙《つぼうちしょうよう》の『当世書生気質《とうせいしょせいかたぎ》』ですが、これを読むと、俗語あり、漢文調あり、くずれた英語あり、そしてもちろん「おくにことば」丸出しであり、という状況がよくわかります。

日本語の貧しさ？

今の私たちにとっては多言語・多文化の豊かさの象徴のように見えるこうした状況は、しかし、国家統一を急務とする当時の権力中枢にいる人たちにとっては、なんとも「ゆゆしき」ものだったのでしょう。初代文部大臣森《もり》有礼《ありのり》は、『日本の教育』の中で次のように述べています。

書きことばの文体は中国語同然である。あらゆるわれわれの教育機関では中国の古典がもちいられてきた。……中国語のたすけなくしては、われわれの言語は決して教えられてこなかったし、いかなるコミュニケーションのためにも用いられなかった。これこそわれわれの言語の貧しさのあかしである（傍点引用者）。

（『森有礼全集3』）

現在日本で用いられている書きことばは、話しことばとはまったく関係がなく、ほとんどが象形文字でできている。それは混乱した中国語が日本語に混ぜ合わされたものであり、すべての文字そのものが中国起源である（傍点引用者）。

（『森有礼全集1』）

日本語の文字がすべて中国起源であり、書き言葉が中国語同然であり、その意味で、日本語が「混乱した中国語」との混ぜ合わせであること、まさに森が見抜いたこれらのことこそは、実は、日本語の本質、ひいては、言語そのものの本質を鋭く射抜いたものだったのですが、しかし、それは、国家意識を提唱する側の人々にとっては、「貧しさ」と慨嘆される事態だったのでしょう。

作り出された国語

だからこそ、国家語の威信を背負った国語が、緊急に作り出される必要があったのです。それも、意図的かつ人為的に。明治三十年代に入ると、言文一致運動や国語改革派の運動が強まります。それらの改革運動は、「伝統的」な漢文訓読体を書記言語として事足りると考えた保守派に対抗して、実際の話し言葉に対応する書き言葉を求めるという点では、大きな意義を持ちました。しかし、他方でそれは、書き言葉の統一的な規範を確定し、それに合わせるように実際の話し言葉を誘導する、という言語一元化（言わば文言一致）への強制の側面をも同時に孕《はら》むものでした。この矛盾が、のちに、特に学校教育における「方言撲滅運動」として現れてきます。

これらの運動とあいまって、「標準的」な口語文法を確定しようとする動きが沸き起こります。その頂点に立つのが、「国語」創出という国家的至上命題を背景に、文部省によって主導された「口語規範創出」の試みでした。一九〇〇年（明治三十三）、文部省は国語調査委員を任命、一九〇二年「国語調査委員会」を設置、国語調査委員会は「専《もっぱ》ラ標準語制定ノ参考ニ供センガ為メ」という目的で「調査」を開始します。標準語、あるいは国家標準語という概念が、ここで、明確に打ち出されたのです。国語調査委員会はその標準語を制定するための調査を行なう、というわけですが、しかしその際、その「調査」とは、客観的に日本語の現状を調査してその中から共通項を抽出するのではなく、実は、もともとある特定の方向に誘導する、ある既定の路線を遂行する、という条件付きでした。この委員会を主導した上田万年の次の言葉は、そのことをはっきりと表明しています。

吾々が標準語の基礎として選ぶべきのはその中庸を得たるものでなければならない。あまり上品なもの、あまり下等なもの、あまり特殊的のもの、此等《これら》はどうしても避けなければならぬ。それで此の選に当るものは、教養ある中流社会の言葉となるのである。

（上田万年『国語学の十講』）

この標準語の基礎として選ばれたのは、もちろん政権の中枢の「東京」語であり、しかもその一部の「教養ある中流社会の言葉」（とされた言葉）だったのです。

国語の正体とは何か

ここで次の疑問がわいてきます。……上田万年が言うように、言葉が「上品」であったり「下等」であったりするのか。もしもそうならば、それはだれにとって「上品」や「下等」であり、何を基準として「上品」や「下等」であるのか。それはだれが決めるのか。また、「教養ある」「中流」社会とは、具体的にはどういう人間の、どういう教養を意味するのか……と。

　そのような問いは、おそらく現代の言語学のもとでは、それ自体、大紛糾を巻き起こすものに違いありません。しかし、当時においては反省的に問われることはありませんでした。それどころか、当時政治権力の中心であった東京の、そして、教養ある「中流」階層の存在が、自明のことのように前提とされました。そのような「決め付け」が、逆に、卓越した文法学者である松下大三郎にさえ、次のような「思い込み」を生み出すことになります。「東京の中流に行なはるゝものは最《もっとも》広く通じ、他日我が標準語ともなるべきものなれば、之《これ》を以て我が口語を代表せしむること難《かた》からず」（松下大三郎『日本俗語文典』）。

　「東京の中流に行なはるゝもの」が、すでに「最広く通じ」ているので、それをもって「口語を代表せしむること難からず」というわけですが、事実はそれだけなのでしょうか。実は、この日本語学の大家があえて語らなかった（もしかすると見落としていた）ことは、東京語の一部が、標準語の基礎になるものとして、そもそも最初から選ばれていたという事実です。もちろん、その背景には、当時の権力と政治的・経済的中心が東京にあり、公文書や各種メディアを通じて圧倒的な力で地方へ浸透していた、という事実があります。

また、種々の国語改革運動や国家政策、「国語」創出の運動、つまり総じて、「力」の要因（権力的要因）が東京語の拡張と伸展（その「標準語」化）に大いなる力を与え、それに手を貸していました。つまり、ただ単に、「東京の中流に行なはるゝもの」が「最広く通じ」ているので、それが「我が標準語ともなるべき」だとされたのではなく、むしろ、「我が標準語ともなるべき」ものは「権力の中心である東京」語（の一部）だと最初から決まっていて、だから、それを「最広く通じ」させようとする力が働いた、と言った方が当っているのです。

もともと社会的な存在である言語が、純粋な意味での自然的、自生的な展開をなすことなどあり得ないのですが、特にこの明治期の民族・国民国家形成期に際しては、上記のような要因が言語に与える影響がピークに達しました。国語とは、まさにそのピークに位置する言語だと言えます。国語は、自然に広まっていた（いった）ものでは決してなく、当時のさまざまな力（権力）の要因によって「作り出された」ものなのです。

理想的彫琢？

このことは、この「標準」語に、コミュニケーション上必要な機能的「共通」語としての役割をはるかに超えて、画一的な基準として、だれもが従わねばならぬ「正しい」言語という役割が、ある意味ではイデオロギー的な役割が課せられたことを意味します。この点を上田万年は明確に次のように言っています。

標準語といふのは、実際の言語の理想的に彫琢《ちようたく》せられたものである。或《ある》地方の言葉を標準とするといつても、其《そ》の地方の言葉そのまま、其の全体が標準となるのではない。之に取捨が加へられ、之に折衷が行はれる。此《かく》の如く語られるといふ事実の集合で無く、此の如く語らなければならないといふ理想的の標準を示すものである。

（上田万年『国語学の十講』）

この「理想的に彫琢」とは、果たして実質的に何を意味するのか、だれがどんな権力と権威をもって、何を取捨選択したのか、なぜそれが理想的だとされたのか、そしてそれが実際の口語の現場にどんな威力を振るい、結果として、今の私たちの言語にどのような変化をもたらしたのか、そして、そもそもそのような人工的、人為的な加工を言語に施してよいのか。これらの問いは現在でも依然として重要です。そしてそれらは、現在でもなお未解答のままです。もちろん、当時にあっては、そのような問いや疑問は生じるはずもなかったのでしょう。しかし後年、この「理想的に彫琢」された言語の強制のために、「方言撲滅」という悲喜劇が生まれ、その後今になっても、「方言は訛《なま》っていて汚い」というような差別（被差別）意識が根強く残存することになったのは冷厳な事実です。国語とは、その歴史から言って、まさにこのようなものとして存在します。国語という語を使い、その概念を使用する以上は、このことへの反省を欠かすことはできません。

『口語法』の効力

まさに、「此《かく》の如く語らなければならないといふ理想的の標準」として『口語法』（国語調査委員会編纂・実質は大槻文彦著）が刊行されたのが、一九一六年（大正五、著者大槻文彦が編纂の意図を率直に述べた『口語法別記』は一九一七年）です。それは、「標準語」の確定に決定的な役割を果たしました。前述の上田自身が次のように言う時、その後の「日本国家標準語」のたどる道筋は定まったと言えるでしょう。

一日も早く東京語を標準語とし、此《この》言語を厳格なる意味にていふ国語とし、これが文法を作り、これが普通辞書を編み、広く全国到る処の小学校にて使用せしめ、之を以て同時に読み・書き・話し・聞き・する際の唯一機関たらしめよ。如何《いか》なる人にも欠点あるが如く、如何なる方言にも欠点なき能はず……而《しか》して一度《ひとたび》之を模範語として後に、保護せよ、彫琢せよ、国民はこれをして国民の思ふままに発達せしむべきなり。

（上田万年「国語のため」『明治文学全集44』）

国民がおのおの思うままに国語を発達させるのはよいが、それはあくまでも、東京語を「模範語」として「文法を作り」、それを口語の「唯一機関」として「使用せしめ」た「後」のことだ、というわけです。さらに、「方言」には「欠点」が必ずある、と言っているところも印象的です。それに対して、「理想的に彫琢」された「標準語」には「欠点」がない、ということなのでしょうが、その中に、文法・音韻・表記等の点で多大なゆれと「誤用」があることは、現在では周知の事実となっています（前著『日本語はだれのものか』をご覧ください）。ともかく、上田のこのような考え方に則って、その後の施策（特に国語教育）がなされていきました。一九〇三年（明治三十六）の国定国語教科書がイ・エ・ス・シの発音を冒頭に掲げたのも、その点を象徴しています。あまりに不自然な単語選択の背後には、特に東北地方の「訛音《かおん》」を矯正するという教科書執筆者の意図が見え隠れしています。

その『口語法』がその後の日本語にどのように作用したか、という点は、今後の研究課題として残されますが、それが理想とする標準語がどのようなものであったのかは、『口語法』を紐《ひも》解いてみれば分かります。そこからは、当時（もちろん現在でも）実際に使われていた（いる）さまざまな言い廻しが、但し書きとともに、「正しくない」ものとして捨てられました。そのような例を但し書きとともに、いくつかあげてみましょう。

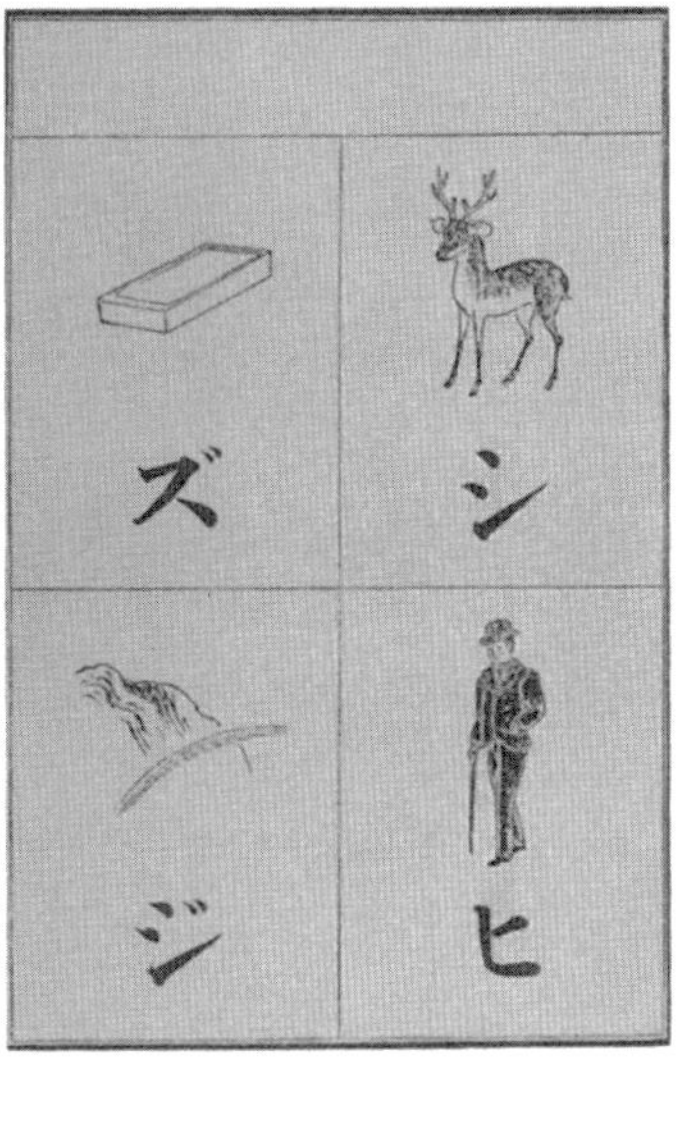

図3　「イエスシ」本（第一期国定国語教科書『尋常小學讀本一』）

・「用いぬがよい」

「なすった」「くだすった」「いらしった」「したくって」「読まにゃならん」「読まんならん」「読まいで」「き（来）ない」「読まんかった」「用心せんければ」「来るまい」「来（き）まい」「すまい」「するまい」「しょまい」「～なぞ」「～なんぞ」「～なんか」「～ばっかり」「～ばかし」「～ばっかし」「けど」「けども」「じゃったじゃろう」「じゃったやろう」

・「全くの誤」

「きたなさそう」「あぶなさそう」

・「間違っている」

「なければならぬ」、「なからねばならぬ」（「いよいよ誤」）

・「すべて『せ』というがよい」

「聞かしてやった」「勝たしたい」

・「正しく『せられる』と云うがよい」

「待たされる」「立たされる」「聞かされる」

・「『せよう』『させよう』に決めた」

「読まそう」「立てさそう」

・「採らぬ」

「〜ですやろう」「〜どすやろう」「〜どした」「〜だす」「〜だした」

・「下品に聞えるから、用いぬがよい」

「書かなくって」「来なくって」

・「です」「でございます」の外は用いぬがよい

「〜でござりやす」「〜でござんす」「〜でございす」「〜でごんす」「〜でがす」「〜でげす」「〜であんす」など

・「東京方言であろう」

「〜だって」「〜だっても」「だっても」

（国語調査員会編纂『口語法別記』）

『口語法』から捨てられたもの

『口語法』から捨てられた言い廻しの中には、そもそも文法的な正誤をどちらかに決めるのが難しいもの、あるいは、現在「慣用」として自然に使われているものがあります（「きたなさそう」「待たされる」「聞かしてやった」「読まそう」などなど）。「理想的に彫琢」と言っても、何を理想の基準とするかは、結局は人為的な決定でしかなく、そこに何らかの恣意《しい》の入り込むことがたやすく見て取れるでしょう。また、捨てられたものの多くは、現在「方言」とされているものです。それらは「下品に聞えるから、用いぬがよい」というような言い方で『口語法』から捨てられました。そのような考え方で当時の国家的言語政策が決定されたことが印象的です。

その後、この基準に準拠するかたちで、昭和初期に至るまで国語の創出過程が続きます。その中でも、一九〇〇年の学校教育における国語科の設置と、教育を通じての児童生徒の言葉の標準語化が特に重要です。そこでは、作文などの書き言葉の矯正と同時に、標準的書き言葉に基づく話し言葉や音韻の矯正が行なわれました。またそこに、植民地朝鮮と台湾における、母語朝鮮語、台湾語の剝奪《はくだつ》と国語日本語の強制という過程が並行します。この過程が、「国家共通語」としての国語の創出という意味では、きわめて「効果的」であったことは、現在、国家機関や報道、新聞、マスメディアや学校教育等で使われる「日本」語がほぼ同質な語彙や文法構造を持つようになっていることからもわかります。日本国中どの地域でも、階層でも、どの集団でも、大体私たちはお互い「通じる」ことができます。その意味ではこの『口語法』の効果は画期的だったといえるでしょう。ある論者は、

『口語法』は、「人為的に標準語文法を確定しようという努力の結果」であり、その意味で、「標準語の金字塔」だと書いています。「『口語法』で確定しようとした語法が国定国語教科書の口語文の中に具体化したことは、教育機関を通して標準語の地位を不動のものとし、普及していく上で意義ある出来事であった」（塩沢和子「現代口語文法の成立」『講座日本語学3　現代文法との史的対照』）と。

しかし、当の論者も認めているように、「標準語は自然発生的に出来上がったものではなく、人為的」であり、「人工的」であったとするならば、それが教育機関を通して普及していく過程の中には、当然、人為的・人工的に、つまり強制的に、人々の言語を誘導していった事実が存在しています。そこに、痛苦な体験が生み出されます。母語や母国語を強制的に奪われた人々の痛みが歴史の暗部をなしているのは動かしがたい事実であり、「方言撲滅運動」による差別意識の存在は、現在もなお事実です。標準があれば、必ず、そこから排除され除外された非標準が存在する（させられる）からです。したがって、それを単純に「意義ある出来事であった」とすることはできないはずです。もちろん、別の道をたどったとしても共通の現代日本語の創出がなされ得たはずだ、という仮説は、今となっては空想的なものに過ぎません。しかし少なくとも、現在の私たちは、強制的な標準語化がもたらした痛みと暗部に無自覚なまま、国語について語ることはできないのです。

国語と日本語は同じでない

国語という語の意味とその内容がはっきりしたと思います。それは、その意味も内容も、そしてそれが指し示す実態も含めてすべて、明治から大正という特定の時期に、人為的な力によって作り出されたものです。国語はこの時期以前に存在したものではありません。そもそも国語という概念そのものが、それ以前には存在しなかったからです。その意味で国語とは、数千年に及ぶ日本語の歴史のほんの一部、それも、例外的な一部の存在です。現代に限っても、それは、東北語や関西語、九州語や沖縄語を、つまり日本語の多くの部分を含みません。またそれは、標準語話者であってもなおそれぞれの人の中に存在するような、各種の位相差を含みません。したがって、国語を日本語と等置することなど絶対にできないのです。それにもかかわらず、『広辞苑』には、国語の二番目の定義がこう載っています。

国語　②日本語の別称

権威ある辞典に載っているということは、現在私たちは、「国語」という語を、日本語そのものを指し示す別称として使っている、ということでしょう。しかしそれは、国語という語の本来の意味と内容の不当な拡大解釈に他なりません。国語を日本語全体に当てはめることなど、とうていできないからです。それでもなお、私たちが「慣わし」上、国語という語を、日本語を意味するものとして使っているとしたら、そのような「慣わし」こそ疑われなければなりません。したがって、先の定義はこう書き換えられるべきでしょう。

国語　②その内容や実質は日本語に比してきわめて限定された狭いものであるが、従来の「慣わし」として、拡大解釈され、日本語と等置されてきた。

また、『日本国語大辞典』には、第二の定義として次のように載っています。

国語　②特に、わが国で、日本の言語。日本語。みくにことば。邦語。

国語が、わが国で、日本の言語を意味するものとして使われてきたということは、なんとなく書かれています。しかし、「日本の言語」と、言語学上の「日本語」とを簡単に等置したのは概念の混乱です。すでに述べたように、日本の言語には、日本語のほかに、アイヌ語があり、沖縄語（琉球語）があり、そしてさらに、朝鮮語（あるいはまた韓国語）を初めとして他の多くの言語が存在するのですから。その意味でも、国語を言語学上の日本語と等置している点は、『広辞苑』と同様に間違いです。さらに、取ってつけたように、「みくにことば」「邦語」などという定義が付け加えられています。これは、またまた概念の大混乱です。「みくにことば」とか「邦語」とか言うためには、まったく別の概念を必要とするからです。これは次の問題となります。

国語から日本語へ

国語と和語をめぐって

これまで述べてきたように、国語とは、その出現の時期から言っても、その内容から見ても、きわめて限定された狭い範囲のものです。にもかかわらず、第②の定義のように、それは、日本語と等しいものとされ、日本語そのものを意味するものとして使われてきました。それはなぜなのか。この問題を解く鍵は、第③の定義にあります。また、先の、「みくにことば」とか「邦語」とかいう定義も、それとかかわりあっているでしょう。そこで、第③の定義を見ることにしましょう。

国語　③漢語・外来語に対して、本来の日本語。和語。やまとことば。（『広辞苑』）

国語　③借用によらない、日本固有の語。漢語、外来語に対していう。和語。やまとことば。

（『日本国語大辞典』）

「みくにことば」、「邦語」という語は、国語という語が定着する以前から使われた言葉でした。それらは、外国の言葉ではない、わが国の言葉を意味します。外国の言葉ではないわが国の言葉ということで、当時、

借用によらない日本語？

とりわけ意識されたのは、漢字を使った語、つまり漢語や中国語ではない、ということでした。中国語ではないということが、「みくにことば」「邦語」、つまり「わが国」の言葉の実質的な意味でした。定義③に、「漢語、外来語に対して」と、特に漢語が強調されていることも、その事情をよく表しています。

外国のものではない、わが国の言葉こそが国語であり、そしてそれは、借用によらない日本固有の言語、和語、大和言葉だ、というわけですが、もしも、そのような日本固有の言語が存在するとしたら、その歴史を、国語史と呼び、その文学を国文学と呼び、その文法を国文法と呼ぶのも、もっともだということになるでしょう。そして、そのような日本語の歴史を、国語の歴史と呼ぶのが妥当なことだとしたら、まさに国語は日本語を意味するものとして、国語史は日本語史を意味するものとして、私たちの前に立ち現れることになるでしょう。しかし、このような論理は成り立つのでしょうか。

漢字＝漢語がなかったら

本来の日本語、借用によらない日本語、などというものが存在したのでしょうか。また、和語や大和言葉は、本当に借用によらない、日本固有の語なのでしょうか。あるいは、たとえそのような言語が存在したとしても、それが国語なのでしょうか。そして、本当に、そのような国語の歴史が日本語の歴史を形成したのでしょうか。つまり、定義③は、本当に成り立つのでしょうか。

現在の日本語が決してそのようなものでないことは一目瞭然です。「合羽《かっぱ》」や「天麩羅《てんぷら》」などのポルトガル語やオランダ語、そして膨大な量のカタカナ語を構成する英語や和製英語などの問題はひとまず置いておくことにしましょう。それらをなくした場合、私たちが日本語の語彙から多くのものを失うことは明白ですが、よしあしは別として、第二次世界大戦中は、野球のアウトやセーフなども言い換えようとしていたのですから、それでも何とかなるかもしれません。しかしさらに、そこから、もともと中国語であった語、中国語から借用して日本語の中に取り入れた語、漢語を使って自家製で作り出した無数の和製漢語を取り除いたらどうでしょうか。もちろん、漢字という文字も外来で、「日本固有」のものでないことは明らかですから、除かなければならないでしょう。そうしたときに私たちに何が残るでしょう。それでも、和語と呼ばれるものの多くは残り、また、日本語の文法の骨格を定める、助詞、助動詞などは残るとすれば、現在の日本語を形成するかなりの部分が日本固有の語であるということも、成り立つかもしれません。たとえば、夏目《なつめ》漱石《そうせき》の『吾輩は猫である』と川端康成《かわばたやすなり》の『雪国』の冒頭から外来のもの、借用による(と言われている)ものを除外すると次のようになります(一応ここでは、教科書の通説にしたがって、漢字で訓読みされる語を和語、音読みされるものを漢語と考えます)。

わが○はねこである。なまえはまだない。

どこでうまれたかとんと○○がつかぬ。なんでもうすぐらいじめじめしたところでニャーニャーないていたことだけは○○している。わが○はここではじめて○○といふものをみた。

○○(くにざかい)のながい○○○○をぬけるとゆきぐにであった。よるのそこがしろくなった。○○○に○○がとまった。

漢字＝漢語の造語力

純粋な日本語＝和語という立場に立って、「日本語は和語だけで十分」と言う人もいるかもしれません。現に、日本固有の言語、国語を創出しようとする明治初期には、これこそが日本固有の語と文字による表記だとして、和文体だけ使おうとする運動もあったくらいですから。しかし、そのような運動がまったくの無駄に終わったことは歴史が示すとおりです。また、文芸作品ではなんとか自力でがんばっている和語たちも、新聞や論説などでは、まったく歯が立ちません。かつて柳田国男が嘆いたような、「関係だの例外だの全然だの反対だの」という出自の怪しい「悪趣味な」漢語なしでは、私たちは「社会」や「科学」、あるいは「哲学」のことについて、何も表現できないのですから。

漢字、あるいは漢語は、日本語そのものの中に深く入り込んでいて、それを除外することは不可能です。不可能だというのは、単に、中国語からの借用語や外来語に代わる語彙がないということに留まるものではありません。問題はもっと深いところにあります。

もともと漢字は、一文字で、音と意味を同時に表すことのできる文字であり、それ自体が「語」そのものを形成しています。一文字が一語であり同時に一音節であるという、きわめて機能的な文字であることが漢字の最大の特質でしょう。漢字の持つこの一文字一語性と表意性のゆえに、そこに、圧倒的な質量を伴う造語力が生まれます。一文字と他の一文字とを連結し合成することによって、機能的かつシンプルに、次々と、新しい語彙を創造することが可能だからです。その最適な実例が、悪趣味だと言われた「関係」や「例外」、「社会」や「哲学」のような二文字熟語です。漢代にはすでに約一万文字弱（つまり一万語弱）あったと言われる漢字＝漢語は、二文字熟語だけで、原理的にはその二乗の一億語弱の語彙を、四字熟語になると天文学的な数の語彙を作り出す可能性を持ったことになります。そして、現に、無為・自然・陰陽・中庸・惻隠《そくいん》というような、重要な概念を持つ二文字熟語が次々と形成され、それらなしには、中国古典思想はまったく表現され得ません。しかし、それと同時に、不要かつ「侏離《しゅり》鴃舌《げきぜつ》」（まったくわけのわからない言葉という意味の語で、これ自体、特に「鴃」などは、ほとんど音も意味もわかりません）のような、音・意味双方まったく不明な語が続出して、それを整理、削減するのにひと苦労するのですが。

そのような言語が、当時、まったく書記言語を持たなかった（と推定される）弧状列島の倭語話者の上に、覆いかぶさるようにして流入してきたときの、衝撃と驚愕《きょうがく》が想像されるではありませんか。

「ゆきぐに」は純粋な和語か？

漢字＝漢語のこのような造語力に頼って日本語は存在しています。「社会」や「科学」、「関係」や「例外」、「全然」や「反対」、『吾輩は猫である』や『雪国』の○字部分である「人間」や「汽車」など、音読みされるすべての語がそうです。そのような漢語なしに、日本語はまったく存在し得ません。つまりその部分については、外来語や借り物それ自体で日本語はでき上がっていることになります。森有礼《もりありのり》が嘆いたように（もちろん私たちは、逆に、それを喜んでよいのですが）、日本語は、中国語との混合・混血の言語なのです。また、「吾輩」や「台所」というような、訓読みと音読みが混合したいわゆる「湯桶《ゆとう》読み」や「重箱《じゅうばこ》読み」の語も、混種語と呼ばれる混合・混血の語であることが明白です。

では、「なまえ」とか「ゆきぐに」はどうでしょうか。「な」と「まえ」、「ゆき」と「くに」はそれぞれ訓読みされる和語に分類されるのですから、その合成された語の「なまえ」も「ゆきぐに」も当然和語だと、通説のとおりに考えることもできるでしょう。しかし、「なまえ」や「ゆきぐに」という合成語を作り出した際の構想力や想像力が何に由来しているかを考えると、ことは教科書の言うとおりではありません。その由来は、「名」「前」、「雪」「国」という漢字＝漢語の持つ造語力、熟語としての新たな語を作りだす創造力なのです。「な」と「まえ」という和語が合成されて「な・まえ」とされたその裏には、その結合関係を支える背景があります。それは、「名称・名目・名義・名声」というような造語を形成する力のある「名」という漢字＝漢語と、「前」という、もともと「進む、切りそろえる」という語義を持ち、「人目につくこと、面目、割り当て、女性二人称の尊称、貴人の別称」などの意味を含むことによって、「御前《ごぜん》、面前、目前、人前、手前」などの造語を形成する力を持つに至った「前」という漢字＝漢語、双方による造語力です。その両者の造語力が交わったところに、「名前」という二文字熟語が生じ、それが和語の「な」＋「まえ」という結合関係と相互に作用しあって「名前（なまえ）」が存在しているというのがことの真相でしょう。

「ゆきぐに」の場合も同様です。和語と和語をその文法にしたがって、「ゆき・の・くに」とする結合関係の背後にあって、しかもそれを支えるのは、「雪山、雪渓、雪線、雪《せっ》庇《ぴ》、新雪、深雪、残雪、大雪、淡雪、粉雪」などを作った、「雪」という漢字＝漢語の造語力であり、また、「南国、開国、外国、本国、島国」などを作った、「国」という漢字＝漢語の造語力です。さらに、純粋な和語と考えられる「うすぐらい・薄暗い」にも、そのことは言えます。「うすぐらい」は、「うすく・くらい」という和語の活用形とその文法にしたがって形成されたというよりは、むしろそれ以上に、「薄命、薄弱、薄倖、薄情（はくじょう・うすなさけ）、薄氷（はくひょう・うすごおり）、薄紅（うすくれない）、薄明るい・薄（ら）寒い」というような、「薄」という漢字＝漢語による造語の列の中に生じた一語なのです。

和語の漢語化

要するに、訓読みされることによって通説では和語に分類されている「なまえ」「ゆきぐに」「うすぐらい」も、実は、漢字＝漢語による熟語創造の構想力や想像力なしには成り立たないのです。その創造力が、「名前」や「雪国」という新しい語を生じさせ、それを支えにし、そこに張り付くようにして、その訓読みとしての和語、「なまえ」「ゆきぐに」が存在しています。つまり、「なまえ」や「ゆきぐに」は、教科書の通説のような純粋の和語であるよりはむしろ、漢語の構想力や想像力を借り、漢語との連想・連合関係の中で、そこに引き寄せられるようにして創出された和語だと言えるでしょう。つまりそれは、漢語化された和語であり、漢語によって変容された和語であり、一言で言えば、漢語と和語との混合・混血なのです。教科書による音読み＝漢語、訓読み＝和語という断定的な分類をも、私たちは疑ってみる必要があるでしょう。

漢語の和語化

もちろん、逆も成り立ちます。もともと漢字の訓読みは、まったく異種外来の漢字＝漢語が和語（倭語）の世界に流入してきたときに始まります。史料として最も一般的なのは、四世紀中～末期の漢籍伝来だと言われていますが、それ以前の中国史書に、倭の朝貢《ちょうこう》の記事が何度もあることから、もっと早期に想定するのが近年の学説です。特に、一世紀に倭奴国《わのなこく》が後漢光武帝《ごかんこうぶ》に奉献朝賀《ほうけんちょうが》したという記事により、当然そこでは漢文による上表文《じょうひょうぶん》が書かれたことから、漢字文の解読と書記がかなり早期からなされていたと推測されます。

まったく異なる音を持つ漢字＝漢語を、その語の意味を考え、意味の同じ和語に置き換える作業をしたとき、訓で訓《よ》むという作業が始まりました。つまり、それは外国語の翻訳の作業なのです。セ-tという音（漢音）を持った「雪」を、その意味を取り、同じ意味を持つ和語に翻訳しようとして「ゆき」に翻訳し、さらに、翻訳しただけではなく、「ゆ・き」という和語の音によって「訓《よ》んだ」わけです。これが「訓読み」の誕生です。しかも、もともとの音セ-tを、自分の耳で聞いたままに、日本語の音韻に合わせて「セツ」に変形させ、それを「音読み」とします。この作業が進むにつれ、ついには、一つの漢字「雪」が、自由自在に「ゆき」（字訓）とも「セツ」（字音）とも読めるようになります。両者は紙の裏表のように、漢字「雪」に表裏一体で張り付いているように見えてくるわけです。

和語「ゆき」が中国語「雪」の訳語であった、そして、「雪（セツ）」がもともと中国語であったという意識は、もはやそこでは失われてくるでしょう。そのとき、「雪」という漢字＝漢語は、完全に和語の中に溶け込むことになります。そして「ゆき」も「セツ」も同じ日本語の漢字「雪」の「読み」として日本語の中に溶け込んでしまうわけです。だから、漢字＝漢語としての「雪」の造語力にしたがって、熟語「雪国」が生まれても、それを和語の訓みにしたがって「ゆきぐに」と訓読みにして、まったく違和感がないのです。つまり、もともとまったくの外国語であった「雪」は、日本語そのものの中に、心身ともに（意味も音もともに）入り込み、溶け込んでしまったわけです。

"snow"は訓読みで「ゆき」、音読みで「スノー」と読む

伝来したのが英語だった場合を想定して言えば、snowを「ゆき」と訳し、しかも、単に翻訳しただけではなく、それに「ゆき」とルビをふり（snow《ゆき》）、ついにはsnowというアルファベットによる単語そのものを「ゆき」と読むようになり、snowの「正規」の訓読みにしてしまったのと同じです。しかもそのとき、「スノー」という、かなり和風の「音読み」と、そしてsnowという語そのものも、ちゃんと日本語の中に残しておいています。

考えてみればすごいことです。なにしろまったく異なる言語を、自分の言葉の中に取り入れ、そのもとの音を勝手に変えて自分独自のもの（ゆき）にしてしまい、しかも、もとの音も「セツ」として残しているのですから。最初は、翻訳作業として、外国語（漢語）

を和語に置き換える作業をしていたのが、その外国語自体（漢語）を和語そのものの中に取り込んで完全に和語化してしまいます。つまり、漢語の和語化です。その漢語の和語化と並行して和語の漢語化が相互に手を携えて進んだことは、すでに見てきたとおりです。

「二重」混血言語＝日本語

このような事態は、通常言われるような「漢字の伝来」などという生易《なまやさ》しいものではありません。漢字の伝来、つまり書記に使用する「文字の伝来」というと、まるでそれ以前に、純粋な和語、あるいは原倭語が存在していて、また、その語彙や文法も確立していて、あとはそれを書き表すためだけの手段を手に入れるだけだった、という印象をどうしても生み出してしまいます。中身はすでに和語として確立していて、あとは、書き残す手段としての漢字＝漢語を導入しただけだ、という錯覚です。実態はそうではありません。漢字＝漢語の流入によって、和語、あるいは原倭語は、質量共に圧倒的な変容をこうむったのです。変容と言うよりも、そこに、原倭語から質的に飛躍した新たな日本語、つまり、漢語と和語との「二重」混血言語としての日本語が誕生したと言っても過言ではないでしょう。漢語と和語との相互浸透、相互変容が生まれ、それが日本語のその後の歴史を決定的に左右したからです。漢語の和語化、和語の漢語化が手を携えて進行したのです。

その結果、現代文では、中国語由来の語、中国出自の語が和語のあいだに取り入れられ、必須の要素として、日本語そのものを形成しています。『新選国語辞典』第八版（小学館、二〇〇二）によれば、見出し語中、和語が三三・八％、漢語が四九・一％となって、語彙数では漢語が和語を凌《しの》いでいることがわかります。また、漢文そのものが和語の語法や文法にしたがって読み下され、漢文訓読体として書き言葉の一大スタイルを形成し、その文体こそが、つい最近まで書記言語の骨格をなしてきました。漢文訓読体の語彙や語法を取り入れた和漢混淆文は、近代の「言文一致」運動を経て、現代日本語の、標準的表記法である「漢字かな混じり文（まさに和・漢混淆文）」として現在に至っています。

どんなに時代をさかのぼっても、日本語の実態として見出されるのは、この漢語と和語、和語と漢語との相互作用、それらの相互変容、そしてそれによる両者の混合と混血でしかありません。日本語とはその意味で、決定的に、「二重」混血言語だということができます（石川九楊《いしかわきゅうよう》『二重言語国家・日本』）。

しかし、実は、この「二重」という表現は不十分であり、後述するように、日本語は、漢語と和語という「二つ」の言語の混血であるにとどまりません。したがって本当は、多重の、さらには、無限重の言語と言わなければならないのですが、ここでは、漢語と和語という「二つ」のカテゴリー相互の問題として、仮に「二重」ということにしておきましょう。ともかく、日本語の歴史のどこをとっても、そこに見出されるのは、その多重性であり、雑種混血性なのです。

漢詩・漢文隆盛の平安時代

それに対して、「国風文化」が栄えた平安時代にこそ、わが国固有の言葉が花開いたのだ、という意見が出てくるかもしれません。確かに、歴史上、例外的に中国との交流が一時途絶えた（閉ざした）その時代には、日本独自の表音文字である「ひら仮名」が発明され（これとても漢字の草書体の変形ですが）、ひら仮名表記によって和語と和文体による書き言葉が誕生し、成長を遂げました。そのため「国文学」と言うと真っ先に、そのひら仮名書きの代表作品である『源氏物語』や『枕草子』が思い出されるのが常です。

しかし忘れてならないのは、その『源氏物語』にも約五%の漢語が入り込んでいること、また何よりも、平安時代は漢詩、漢文の隆盛《りゅうせい》の時代でもあったということです。平安三《さん》蹟《せき》の一人藤原佐理《ふじわらのすけまさ》が『詩懐紙《しかいし》』の献題に「倭漢《わかん》任意」と記し、和・漢どちらで詠《よ》んでもよいと宣言したように、各種の詩会・歌会において、漢詩と和歌を交えて、自由自在に作り得たのが王朝の知識階級のスタンダードでした。彼らは、漢詩・漢文、日本製漢詩・漢文、和歌・和文を相互に翻訳、置換しつつ、それらのあいだを自由自在に往き来して、その総合の上に日本語の書き言葉を形成したのです。想像するに、当時の詩会・歌会では、漢詩漢文が時に漢音直読でそのまま朗詠《ろうえい》されたり、また、音と訓を交えた訓読体で朗詠されたり、さらに、和歌が当時の和語の音韻で詠まれたりしていたのでしょう。

このように和漢を自由自在に使い分ける両用の体制は、勅撰『古今和歌集』が和漢双方の序文を掲げていることにも象徴されています。仮名序、真名《まな》序の内容と場所の異同から、仮名序こそが内容的にも洗練されている、というような論議があるのですが、ほとんど同じ文章が、相互翻訳されるかのように漢文と和文で並べられている事実は動かしがたいのです。しかも、勅撰という国家的事業での編纂の序に漢文が掲げられていることは、漢文こそが「真名」(つまり真の言葉)あり、ひらがな書きはあくまで「仮名」(仮の言葉)であるという意識が強く残っていたことを物語ります。

古今和歌集序、夫和歌者託其根於心地発其花於詞林者也……

古今和歌集巻第一、やまとうたはひと能(の)こころをたねとしてよろつ能(の)ことの者(は)とそなれりけるよ能(の)奈(な)かにあるひとことわさしけきものなれ者（ば）……

（『古今和歌集　日本古典文学全集7』小学館）

漢文と和文、現代の私たちにとってどちらが読みやすいでしょうか。漢文訓読法の習熟なしには漢文が読めないのはもちろんですが、しかし、仮名書き（万葉仮名も含む）だけの和文もまた、それと同じくらい読みにくいのではないでしょうか。当時の和語が現代語と大きく異なることも一因ですが、日本語にとって漢字＝漢語の表語力や表意力の助けがいかに重要か、ということの証でもあります。さらに、『源氏物語』の和文体となると素人にはまったく歯が立たないというのが正直のところでしょう。日本語が分かる＝和語・和文が分かる、という等式が決して成り立つわけではないのです。日本語とは、漢語・漢文ではないのと同様に、単に和語・和文ではないからです。

和漢混淆文

それに対して、現代人でもわかりやすい文体の先駆けとなるのは、やはり、それら両者の混合された形態でしょう。漢語と和語、音と訓、真名と仮名とが適当に入り混じって使われる和漢混淆文がそれに当ります。それまでは、「二重」複線状に並列していた和と漢が合体して、いよいよ現代にも通じるような日本語が生まれてくるわけですから。

たとえば、その和漢混淆文の先駆け的作品は、『今昔物語』だと言われています。ここまでくると、現代の私たちにもかなりわかりやすくなるのですが、さらに平安末期の『方《ほう》丈記《じょうき》』になると、より一層わかりやすくなります。和訓と音、文法の骨格部分の仮名書きとその用法など、和漢が今風に混合されているからです。ひらがなで分かち書きして句読点と濁点をつければ、ほとんど現代文であり、それまでの古典和文や漢文に比べて、なんだかほっとした気にさせられませんか。

ゆく河のながれはたえずして、しかももとの水にあらず。よどみにうかぶうたかたは、かつきえ、かつむすびて、ひさしくとどまりたるためしなし。世中にある人と栖《すみか》と、又かくのごとし。

（『方丈記　日本古典文学全集7』小学館）

結論を出すために、国語の定義③の問題に戻りましょう。そこにはこうありました。

国語　③漢語・外来語に対して、本来の日本語。和語。やまとことば。（『広辞苑』）

国語　③借用によらない、日本固有の語。漢語、外来語に対していう。和語。やまとことば。（『日本国語大辞典』）

しかし今見てきたように、日本語とは、いつの時代をとっても決定的に、漢語と和語との相互浸透、混合・混血なのですから、漢語の要素の混じり込まない「日本」固有の純粋な和語など、どこにもないのです。つまりそのような意味で「国語」という語が語られた場合には、それはまったく幻想に過ぎない、ということになります。もちろん、純粋なものがあって欲しいという願望はわかりますが、それに見合うものはどこにも発見できないのです。

大和言葉幻想、純粋な和語を求めて

しかしそれでもなお、「純粋な和語、純粋な大和言葉は存在する」という言説があとを絶ちません。そのような言説のかつての代表は、本居宣長《もとおりのりなが》を筆頭とする国学のイデオロギーでした。それならば、彼らが純粋な和語、和文、大和言葉として求める対象は何だったのでしょうか。

和風文学（国文学）の象徴とも言われている『源氏物語』や『枕草子』だとは、たぶん言わないでしょう。今見てきたように、その時代には、和風文学と並んで、膨大に蓄積された漢詩・漢文の教養と知識があり、それらのあいだを自由に往き来することが王朝知識階級の常識でした。和風文学と漢詩漢文は表裏一体であり、前者は後者の存在を前提として成り立っていました。清少納言が、「香炉峰の雪、いかならむ」と問われて、御簾《みす》を高く上げた逸話も、光源氏が須磨の海辺から、「三五夜中新月色　二千里外故人心」と口唱するのも、すべて漢詩漢文の教養を前提としています。そこで表現された機知や情感は、決して純和風のものではなく、漢風のものです。宣長の言葉を借りれば、そこには、「異《あだし》国《くに》のさだ」である「言痛き《こちた》」「漢意《からごころ》」が染み込んでいて、彼自身が求めるような、わが「神の御国《みくに》」の「古語《ふること》」や「古《いにし》への語言《ことば》」には決してなり得ないのです。

ならば、あとに残るものは何でしょう。外来語や漢語の入り込む以前の純粋な和語、大和言葉とは、もはや、漢字＝漢語が流入する以前の原倭語しかないことになります。もしも、そのような原倭語が存在していれば、まさにそれこそが、外来語、特に漢語の入り込む以前の日本固有語であり、それこそが、国語の名に値するものでしょう。そして、その国語について探究することが、国語学の内容をなすことになるでしょう。

しかし実は、そのような探究はまったく虚妄です。なぜならば、そのような原倭語がどのようなものであったか、原倭語という固有名詞で名付けられるようなものが果たしてあったのか、などということは、まったくわからないからです。第一に、文字が残されておらず、何も資料がないからです。第二に、原倭語とされる言語そのものが、系統のはっきりわからない、まさに多種類の言語の混合・混血であることが推定されるようになってきたからです。言語学の研究が進み、また、縄文期の考古学的調査が進むと、日本列島に漂着し定着し、また漂流していった人々によって話されていた言語の実態がおぼろげに推測されるようになってきました。それによると、広範囲に分布し変容の多いアルタイ語族、オーストロネシア語族、そしてドラヴィダ系諸語までもがその源流と推定されるのですが、ともかく、それを何か一つの固有名詞で同定することなどとうてい不可能なのです。そうであるとするならば、いったい、外来語、特に漢語ではない純粋の和語、大和言葉とは何なのでしょうか。

雑種混血の『万葉集』

文字の残されていないところでそれを求める虚妄は、今述べたとおりです。そこで、純粋な和語、大和言葉として求められる最後のよりどころが『古事記』と『万葉集』しか残されていないのは、理の必然なのかもしれません。それらが漢字で書かれてはいるけれど、とにかく文字に残された日本の文学最初期のものであることは事実であり、そこに残されていなければ、もうどこにもないことになるのですから。しかし、そこに純粋な和語や大和言葉を求める試みは、うまくいくのでしょうか。

確かに、『万葉集』は、当時の歌謡をそのまま表記しようとしたものです。歌謡であれば、その意味だけを漢字＝漢語で表現して、つまり、漢文や和風漢文（「漢字文」）で書いて済ますというわけにはいかず、和語の音をも表さなければなりません。そのことから、

『万葉集』の歌こそ、純粋な大和言葉や和語を表すものだというような言説を唱える論者もいますが、これは真実でしょうか。

『万葉集』の歌謡は、たとえば次のように表記されています。

石激《いはばしる》　垂水之上乃《たるみのうへの》　左和良妣乃《さわらびの》　毛要出春爾《もえいづるはるに》　成来鴨《なりにけるかも》

（『万葉集』巻八、一四一八、『日本古典文学全集5』小学館）

和語の音を表すために、漢字＝漢語の意味や訓、音韻の知識を総動員していることが、実によくわかると思います。そのことは、当時すでに、圧倒的な質量の漢字＝漢語の知識が蓄積されていた、ということを意味します。なにしろ漢字＝漢語の流入からすでに数百年近い年月がたっているのですから。その蓄積によって漢字＝漢語を駆使したこの『万葉集』の歌謡を、純粋な和語や大和言葉と規定することなどできません。しかも、このことは単に表記の問題だけに留まりません。そこでの言葉の内容と実質そのものが問題です。

大和言葉幻想の迷妄

たとえば、ある論者は、上に掲げた志貴皇子《しきのみこ》の歌を例に挙げて、「日本人が『気負い』をなくして自己の情緒の本然の姿にもどる時、つまり魂のふるさとに回帰する時、その表現は大和言葉になるのである。……古今の絶唱と言われるような名歌は、たいてい大和言葉オンリーで出来上がっている」（渡部昇一

『日本語のこころ』）と書いています。

しかし、

石激　垂水之上乃　左和良妣乃　毛要出春爾　成来鴨

を「大和言葉オンリー」だとするのは、根本的な迷妄と言わざるを得ません。たとえば、「石激」という枕詞は、「いは」と「はしる」という別々の二語による造語であり、それが連濁を起こして「いはばしる」と結合するためには、それを一語として造語する合成力がそこに働いたはずです。「たるみ」も「さわらび」もそうです。そこに働いたのは、すでに見たように、二つ以上の漢字＝漢語を連語させて一つの新語を造語する漢字＝漢語の造語力です。「早春、早朝、早苗（そうびょう・さなえ）」など一連の熟語連鎖の中にその項の一つとして位置する「さわらび（早蕨）」が、まさにその構想力と想像力によって支えられていることは明らかでしょう。つまり、それらは和語と言われているけれども、それ自体、漢語の影響を受けた和語であり、「（日本）情緒の本然の姿」というよりはむしろ、漢詩・漢文（まさに漢意《からごころ》）のしみ込んだもの、つまり漢語と和語の混血なのです。それを純粋な和語、大和言葉だとすることなど、とうていできません。

漢字文としての『古事記』

歌謡であるがゆえになんとか工夫して和語の音を表そうとした歌集『万葉集』でさえそうなのですから、まして、『古事記』の中に純粋な和語を求めることは不可能です。なぜならば、『古事記』は、その「ほとんど」が漢文と和風漢文で、つまり、漢語による漢字文で書かれているからです。たとえば、本文冒頭の、最も有名で、かつ論議を呼ぶ箇所は、次のように書かれています（『古事記』の引用はすべて岩波文庫版）。

天地初発之時於高天原成神名天之御中主神……次国稚如浮脂而

訓点を施し分かち書きすると以下のようになります。

天地初発之時、於㆓高天原㆒成神名、天之御中主神……次国稚如㆓浮脂㆒而

漢字文として解読するならば、この部分の意味は明確であり、誤解（誤読）の余地はほとんどありません。漢字の「意味」さえ知っていれば、この文章の意味は明瞭だからです。しかし、それを和語の「訓」に移し直そうとすると問題は別になります。いったいこの文章を、「音声」に出してどう「よめ」ばよいのでしょうか。その「よみ」を確定するのは大変に困難です。

『古事記』は「よめる」けれども「よめない」

漢字＝漢語を訓読みで使う場合には、和語の音そのものを直接に表すことはできず、また、漢文の語法では、和語の特徴の一つである動詞・形容詞の活用語尾、助詞、助動詞などを直接に表現することはできません。したがって、それらの直接的表記が必要である場合、とりわけ、歌謡や固有名詞（伊邪那岐《いざなぎ》）、会話（阿那邇夜志《あなにやし》）、擬態語・擬音語（許々袁々呂々《こをろこをろ》）などは、漢字音を借りた音仮名を使う必要があります。また、冒頭に続く「久羅下那州多陀用弊流（くらげなすただよへる）」などのように、ところどころに散見される箇所は、音仮名で表記されたり、あるいは「訓注（訓高下天云阿麻・高の下の天はあまと訓《よ》む）」を付けたりすることによって、和語の音を直接に表記しようとしています。

しかし、そのような部分は例外的であり、またその箇所も、時として恣意的です。それに対して、本文の骨格と圧倒的大多数の語彙は、漢文体と漢字＝漢語によって書かれています。実は、そのことこそが問題の所在を物語っています。すなわち、もともと『古事記』の主要な目的は、「意味」を確定することにあったのであり、「音声」をそのまま表記することにはなかったのです。国語学者小松英雄が言うように、「古事記の撰録作業とは……稗田《ひえだの》阿礼《あれ》が『誦習《しょうしゅう》』していたところの、必ずしも理解の行き届かない音連鎖が担っている意味を……すみずみまで確定し、一貫した脈絡の書記テキストとしてまとめあげること」にあったのであり、その「音連鎖」そのものをまるごと写し取ること、つまり「音読」させることを念頭に置いたものでは、決してなかったのです（小松英雄『日本語書記史原論』）。

意味の確定した書記テキストの策定が主目的であるのならば、『古事記』のほとんどすべてが、表音方式ではなく漢字＝漢語による表意方式で記述されているのも、納得がいきます。しかし、当然のようにその反動として、和語としての訓みを直接表記できないという難点が生じます。そしてその必然的帰結として、現在、本文冒頭の最も大切な部分「天地初発之時」でさえ、その「正しい」訓みはまったく定まらないのです。

定まらない訓み

――天地初発之時――

天地初発之時

この「初発」の訓みには、以下のような諸説が乱立していて、定めることができません。

あめつち……

・ひらくる・はじめてひらくる・はじめてひらけし・はじめておこりし・はじめておこる・はじめの（宣長訓）・おこりはじむる・はじまりおこる

さらにそれに加えて、三矢重松《みつやしげまつ》の説のように、「初発」を漢音のままに「ショホツ」と音読みした可能性も捨てられません（鈴木一男『初期点本論考』）。そうだとすると、「天地」もまた、定訓の「あめつち」ではなく、「テンチ」あるいは「テンヂ」と漢語風に音読みされた可能性もあるのです。まして、和語の助詞の部分を訓むか訓まないか、つまり、「あめつち」なのか「あめつちの」なのか、「とき」なのか「ときに」なのか、というような訓みの問題については、まったく定められません。また、わざわざ「あまと訓む」と訓注を付けられた「高天原」についても、天を「あま」と訓むことだけは定まっても、和語の訓みとして、「たかあまはら・たかあまのはら／たかあまがはら・（さらに）たかまがはら」のどれで訓むかは定まらない、というよりはむしろ、撰録者にとってはどちらでもかまわなかった、ということになります（小松英雄、前掲書）。

その意味で、『古事記』は、「読める（漢字文として読解できる）けれども訓めない（和語で音読できない）」、訓めない、と言うよりはむしろ、もともとそのような訓みかたを前提としていないし、要求もしていないのです（亀井孝「古事記はよめるか」『古事記大成3』）。なぜならば、「天地初発之時」を漢字文として読む場合の意味は一目瞭然に確定されており、それで書記テキストとしては、十分だからです。

宣長の錯覚

『古事記』がその本質的な部分において漢字文として書かれている事実、それは、漢字文としての意味を確立することが眼目であり、それを和語だけで訓む、和語によって総ルビをふるように訓み下すことなど、前提していないし、要求もしていないことを意味します。それを、後代（特に平安期）になって確立された漢文訓読法にしたがって、『古事記』すべての漢字＝漢語に和語の訓みをあて、すべての漢字＝漢語に和語の総ルビをふろうとしたのが本居宣長です。

その膨大な辛苦と労力には頭が下がりますし、その労苦が和語の語彙や文法（特に助詞）の知見に貴重な蓄積を加えたのは事実です。しかし、漢字＝漢語との接触以前に、「当時既に此方《こちら》にて読むべき音も訓も定まれしなり」と仮想し、さらに、「此の記（『古事記』）は……古へより云ひ伝へたるまゝに記されたれば」「此記は、古言のままなる」（本居宣長『漢字三音考《かんじさんおんこう》』『古事記伝』）と仮想し、その『古事記』全語の和語訓みをもってすれば、漢字＝漢語との接触以前の原和語＝純粋な大和言葉を復元できるかのように考えたのは、（小松英雄、前掲書にあるように）やはり根源的な錯覚としか考えられません。書記はあくまでも書記であって口承ではなく、さらに、それは、和語とはまったく異なる漢字＝漢語を用いた漢字文によってしか書き留められていないからです。つまり、それが書かれた瞬間に、すでにそこには、その書記以前の純粋な和語の姿は存在していないのです。漢字=漢語という記号を通してしかそれが姿を現わさないからです。そのことを逆に言えば、そのような記号を通して初めて、それは、私たちの目の前に存在するようになった、とも言えるでしょう。

『死産される日本語』

このことを思想史家の酒井直樹は、次のように表現しています。「日本語（和語・大和言葉：引用者補注）の誕生は、日本語の死産としてのみ可能であった」（『死産される日本語・日本人』）と。日本語は、その誕生の時から決定的に混じり物、雑種混血でした。にもかかわらず、その雑種性を排除して純粋なものを求めようとする試みは、国学だけに限らず、何度も繰り返されてきました。けれども、そのような試みは、そのつど、「死産」に終わるしかないのです。どこにそれを求めても、そこで発見されるものは、常に「純粋ではないもの」だからです。どこまで踏み入っても日本語は、雑種混血……。これは、あらゆる言語、あらゆる文化に言えることです。

ここで、国語の定義に関して次のことを確認して本節を終わることにしましょう。

国語　③漢語・外来語に対して、本来の日本語。和語。やまとことば。（『広辞苑』）

国語　③借用によらない、日本固有の語。漢語、外来語に対していう。和語。やまとことば。

（『日本国語大辞典』）

国語のこのような定義は、架空のものでしかありません。そのような意味での国語は、存在しません。したがって、そのような意味での国語史や国文学もまた、存在しないのです。

国語科か日本語科か

以上、私たちは、国語に関する三つの定義を検討してきました。その結果、国語という語とその概念は、中身に問題のあるものであることが明らかになってきました。そもそも国語という語とその概念は、近代的な民族・国民国家形成期に「国家語」を指すものとして登場したものです。それは、国家標準語、国家公用語という性格を担いつつ、日本語の多くのバリエーションや、あるいは他の言語（たとえば、アイヌ語や琉球語、朝鮮語や台湾語）などに対して、ある時期、強制的で権力的な色彩をもって存在した、限定的な内容をなすものだったはずです。にもかかわらず、それは、日本語そのものの別称として、自国の言語、つまり日本の言語そのものを意味するものとされたり、さらには、主流の民族が歴史的に用いてきた言語として、方言や、歴史上のあらゆる言語バリエーションをも含むものとされたりしました。しかもそこに、日本固有の言語、大和言葉というような概念が覆い被され、日本語の歴史が、あたかも国語の歴史であるかのような錯覚まで生じたのです。これは、国語という語と概念の乱用であり、不当な拡大解釈の結果ですが、しかし、その責任は辞典の編纂者にあるのではなく、そのように拡大解釈されたものとして国語という語句を使う「慣わし」（『国語学大辞典』が言うような「慣わし」）を持つ、私たち自身の言語使用にあることは言うまでもありません。

そのような「慣わし」がなぜ生じたのか、それは、最後の「国語の第四の定義」と大きく関わってきます。

国語という教科の拘束力

国語の定義の第四は次のようなものです。

国語

④国語科の略。（『広辞苑』）

④学校教育の教科の一つ。日本の言語および言語文化を取り扱う。「漢文」と対置または併称され、またこれを内容に含む場合がある。（『日本国語大辞典』）

国語とは、学校教育で最も普遍的に使われる常套句《じょうとうく》、つまり学校での教科の名前であることがよくわかります。私たちが国語という語に慣れ親しむ最も大きな要因は、実は、ここにあるのではないでしょうか。小学校、中学校、高等学校までの公教育のほとんどすべての領域に渡って、「国語」という教科が存在し、私たちのほとんどが必ずそれを学習してきたという事実がそれです。

もちろん、そこで教えられ、学ばれていた言語の実態は「日本語」です。そして、その教材には、日本文学の名作を初めとして、現代文や古文、散文や韻文、くだけた会話文や硬い論説文、中には方言で書かれたものなど、さまざまな内容のものが取り上げられていました。幼少期から青年期にかけて、私たちは、それらの言語すべてを国語として学んで（学ばされて）きたのですから、それらはまさに国語である、つまり、国語とはわが国の言語のすべてをさす、と思い込むようになるのも当然かもしれません。国語とは日本語のことである、逆に、日本語とは国語のことであるという思いが、無意識のうちに育てられてきたわけです。

しかし、そのような等式が自明のように成り立つはずがないことは、今まで見てきたとおりです。にもかかわらず、国語と日本語が等しいという思い込みが生まれるのは、私たちが生育期のほとんどの時期に、日本語を、国語という名称の教科として教えられ、学んで（学ばされて）きたことが大きく影響しています。現に、広い教養を持つはずの大学教員の中にも、外国人留学生に対する「日本語の試験」を、いとも安易に、「国語の試験」などと口走ってしまう人たちもいるくらいですから。すぐにわかるとおり、この言葉は、さまざまな国籍を持ち、さまざまな第一言語（母語、あるいは母国語）を持つ人たちに対して、日本語を国語だと言ってしまう点で大層奇異なのですが、しかしそれでもそのような言葉が口をついて出てくるということは、そのような思い込みが生育過程における長年の教育の結果として、いかに深く根ざすようになったかを物語っているでしょう。

なぜ日本語科ではいけないのか

ここで、次のような疑問がわいてきます。学校教育における教科の名称が国語であっても、その実態が日本語であるのならば、なぜ、その名称も内容に合わせて「日本語」ではいけないのでしょうか。「国語」という言葉は、本来、言語の名前を指すものではないため、それだけでは何語を意味するのかまったく不明です。現に、日本にいる留学生にとっては、ネパール語も、モンゴル語もそれぞれの国語なのです。それらと区別するために、はっきりと、「日本語」という、世界のだれにでもどこでも通用する言語学上の名称を使う方が、まったく明確で合理的だと考えられそうなものです。また、国語という語の指示対象が、日本語という言語の実態の極小部分でしかなく、しかも、政治的国家の概念と密接に結びついてきたものであることはすでに見てきたとおりなのですから、その意味でも、国語という名称を日本語に変更した方が妥当だと言えるでしょう。しかし、そこに、言語そのものの問題とは別の思惑が、ある意味では政治的なイデオロギーが入り込んできます。

もちろん、外国籍を有する人々に対して、日本語教育を「国語」教育と称する奇異さはだれにでもすぐにわかるとおりです。したがって、学校教育の現場でも、特に大学などでは、外国籍を有する留学生に対しては、日本語の言語教育は日本語教育と呼称されています。しかし、それに対して、こと日本国籍を有する人々、つまり日本「国民」に対する日本語の言語教育となると、外国人のための日本語教育とは厳として使い分けられ、「国語」教育と呼称されているのが変わらぬ現状です。もちろん大学などでは、国語表現法とか国文学、国語史という代わりに、日本語表現法、日本文学、日本語史という呼称を使用する例が増えてきてはいますが、公教育の中枢である義務教育の現場では、依然として、国語科、国語教育という呼称が維持されています。

最近、小中学校での外国人年少者の増加に伴い、クラスに何人もの外国籍の児童がいる例が増えてきています。そのような場合には、「国語」の授業を、「日本語」という科目名で実施する方がより合理的だという希望も多方面から出されているのですが、もちろん、国や教育委員会はそのような変更を認めません。国語科はあくまでも国語科であって日本語科ではない、というわけです。その背景にあるのは、日本国民に対する言語教育は「国語」教育でなければならない、という強い信念（思い込み）です。

たとえば『広辞苑』には、国語教育の定義が次のようにあげられています。

国語教育　国民に母国語に関する理解・表現・態度などを学習させる教育。

日本国民のための国語教育・外国人のための日本語教育？

「国民」にとっての「母国語」こそが国語であり、国語（教育）とは、国民、つまり、日本国籍を有する人のためのものだ、というわけです。ちなみに、『広辞苑』には、二〇〇八年（平成二十）の第六版に至るまで「日本語教育」という項目は存在しませんでした。また、国語学会編の『国語学大辞典』には、よりはっきりと、国語教育と日本語教育とを別のものとして扱う趣旨の定義がなされています。

国語教育　国家・民族の成員に対して施される母国語あるいは公用語に関する教育

営為を総称していう。（中略）【目標】国語教育・国語科教育の目標は、国家・民族の成員として社会生活・社会的活動に必要な言語能力を習得していくことに置かれている。

日本語教育　外国人のための日本語教育。正確には、日本語以外の言語を母語とする者に対して日本語を習得させる教育。教育対象者はふつう外国人であるが、日本人であっても、日本語を外国語とする場合（たとえば海外で生まれ育った日本人子弟など）には日本語教育と言える。

国語教育とは、国家の成員に対して母国語あるいは公用語を教育することだ、というわけですが、この定義は本当に妥当なのでしょうか。また、外国人のための日本語教育と国語教育とは異なるというのは、本当なのでしょうか。

国語教育という錯誤

『国語学大辞典』の定義に概念の大きな混乱と乱用があることは、一目瞭然です。国家の成員に対して施される母「国語」に関する教育と、公用語に関する教育とを、安易に並列（等置）し、しかもさらに、それらを、民族の成員に対して施される「民族語」や「母語（第一言語）」に関する教育と、安易に等置していることです。世界中で、もしも、国家の成員に対して施される母国語に関する教育、あるいは公用語に関する教育を「国語」教育と称して実行したとしたら、各地で多大な抵抗と混乱が起きることは間違いないでしょう。

たとえば、アメリカ合衆国では、英語は確かに一部の州で法的に公用語とされていますが、そのことにすら、多くの対立と抵抗があります。したがって、「公用語教育」と称して英語教育を施すことには、多大な対立と抵抗が生じるだろうし、まして、「国語」教育と称して、アメリカ合衆国成員の「母国語」として英語教育を施せば、混乱はさらに増すでしょう。アメリカ合衆国の成員の実際上の母語は多岐にわたっている、つまり、彼らの母国語も多岐にわたって存在するからです。連邦レベルでは、確かに英語が事実上の公用語として使われていますが、そのことに法的な規定を与えることは多くの抵抗があってできないし、まして「国語（national language）」という規定を与えることは現段階では不可能です。もちろん、そのような英語国語化の動きが一方に存在することは事実ですが。つまり、そこでは、国語教育というものは、そもそも成り立たないのです。だからこそ、英語は、国語教育としてではなく、スペイン語教育、フランス語教育、などと並存する「英語」教育として展開されるわけです。

このように、国家と民族、国家語と公用語、さらには、母国語と民族語・母語（第一言語）とは、それぞれお互いに異なったレベルにある概念であり、実態的にも異なるのが世界の常であり、それらを同一のものと想定するのは、まったくの絵空事です。したがって、世界のほとんどの国では（もちろん、中国もアメリカ合衆国も）、ごく少数を例外（日本や韓国など）として、言語教育を単一の国語教育として施しているようなところはありません。もちろん、この事情は、本当は、日本においても当てはまるはずです。日本国民、つまり日本国家の成員がすべて、同じ民族、同じ第一言語話者（母語話者）であることなど「絶対にあり得ない」のは、これまで何度も述べたとおりです。しかし、現状では、日本国民すべてに対して、日本語の教育は、単一の国家語を意味する国語教育という名称で与えられ、それに対して、外国人に対する教育は、英語、スペイン語、フランス語などと並列した位置にある日本語教育として施されています。

使い分けは正しいか

次の調査研究は、そのような使い分けの現状をよく表しているでしょう。

> 日本語教育と国語教育とは基本的には全く別のものである。国語教育が対象とするのは日本語を母語とする児童生徒であり、小学校に入学する時点で、児童は（中略）日本社会において必要である基本的な生活習慣や行動様式も既に身につけている。従って、国語教育においては、日本語による表現や理解の能力をよ

り正確で洗練されたものに伸ばし、書き言葉を教育する一方、日本語による文化を理解・享受するとともに創造・継承していく能力をも育てることを目的としている。これに対して、外国人児童生徒の場合は、（中略）日本語の背景にある生活や文化についてもよく知らないのが普通である。そのため、まず、日本における日常生活に慣れると共に、基本的な日本語能力を身につけることが必要である。（中略）したがって、日本語を母語とする児童生徒を対象とした国語教育とは別のシラバス、カリキュラムを使って指導すべきである。

（外国人子女の日本語指導に関する調査研究協力者会議『外国人子女の日本語指導に関する調査研究：最終報告書』）

「日本語の背景にある生活や文化」を「既に身につけている」日本人児童生徒に対しては国語教育、それを「よく知らない」外国人児童生徒に対しては日本語教育というかたちで使い分けよう、というわけです。確かに現状で、効率を考えれば、そのような使い分けが必要であり、また教育現場の多くで、この調査研究のようなかたちで進められているのかもしれません。しかし、そこで書かれた言語習得の考え方は、妥当なのでしょうか。また、同じ言語である日本語を、国語（教育）と日本語（教育）というダブル・スタンダードで使い分けるなどということが、本当に成り立つのでしょうか。

最も問題なのは、日本人向けの国語教育が、うち向き、内輪向けのものとなっている点、そしてそれに対応して、外国人向けの日本語教育が日本社会や日本文化への同化を前提にするかのように考えられている点です。そもそも、日本国民であっても、社会的生活や文化の点で、すべてに同質であり、暗黙の前提のようにその生活習慣や行動様式を共にしている、などということはあり得ません。そこには、各人の生活環境や社会的状況に応じて、異なる視点や見方があるはずです。そして、さまざまな表現様式や文体、語彙、さらには文法自体の位相差が生じているはずです。前著『日本語はだれのものか』でも述べたように、日本語は決して一つではありません。したがって、その言語習得も、多様な言葉をそれぞれの個体がみずからのうちに総合し、統合していく過程として存在するはずであり、またその教育も、それをどのように発展させるかという課題として考えられなければならないはずです。つまり、「日本国民の国語の習得」であってさえも、そこに絶対に必要なのは、相互に異質なものの視点、外の視点なのです。

「泣くに泣けない」学校文法

しかし、それに反して、とりわけ、国語教育における日本語の文法教育（学校文法）は、多くの識者が指摘するように、「泣くに泣けない」惨憺《さんたん》たる状況にあります（鈴木康之「活用論をどう見直すか」『日本語学』一九九七年四月号）。中学校での文法の学習は、ほとんどの人にとって、意味の分からない暗記物のように見えたのではないでしょうか。特に、機械的な文節分けと品詞分類、動詞の活用、助動詞や助詞の分類などは、単に暗記すべきものとして、画一的、天下り的に与えられるものに過ぎず、自らがそこに日本語の文法構造を見出していくようなものとは程遠かったのではないでしょうか。

それもそのはず、基本的には、現代日本語の文法の学習は、現在の国語教育では、単に、かつての古典語の文法を習得するための予備訓練、簡単に言えば、古語辞典を引けるようになるための予備訓練という位置付けでしかないからです。国語教育における文法教育（学校文法）は、古典語を（高等）学校で勉強するはずの日本人生徒用のもの、つまり、完全に内輪向けのものであり、現代日本語を、「言語そのもの」として理解し習得しようとする視点には立っていないのです。

さらに、単なる古典文法の予備訓練と化した機械的な文節分けや、品詞・活用型の分類は、現代語を第一言語として使用する現在の日本人にとっても、自らの言語の構造や文法を理解するためには不十分なばかりか、古典語の理解のためにも不十分なのが実情です（鈴木泰「古典文法をどう見直すか」『日本語学』一九九七年四月号）。

日本国民向けの日本語の教育を国語教育とし、それを外国人向けの日本語教育から切り離してしまうことは、結局、日本語という言語を狭い井戸に閉じ込めて、それを内側からしか見ないような狭窄《きょうさく》に陥る、ということです。そのようなダブル・スタンダードの使い分けは、日本語という言語を理解する上で大きな欠陥を孕《はら》んでいます。

「国語」学会から「日本語」学会へ

このような意味からも、伝統的な国語学の総本山とも言うべき国語学会（『国語学大辞典』の編纂も本学会による）が、多年にわたる激論の末、二〇〇三年、国語学会から日本語学会への改称を決定したことは、象徴的な出来事でした。それは、単に一学会の名称の問題にとどまらず、国語と日本語、国語教育と日本語教育との関連の問題、ひいては、日本語という言語をどう捉えるか、さらには、言語そのものをどう捉えるかという根底的な問題とも係ってくるからです。改称を推進した側の意見は、たとえば以下のとおりです。

・「国語」という語が、もともと国家の言語の意味を内包しているのに対して、現在の日本語研究の多くは、国家の存在を前提としたものではない。
・日本語研究が多くの外国人によっても行なわれるようになった現在、国語学という名称は国際的に通用しない。
・日本語教育における日本語研究、あるいは現代語研究が「日本語学」としてなされる傾向にある一方、「国語学」は、歴史的研究を限定的に指示する傾向が強く、「国語学」という名称の包括性は失われつつある。
・現に進行している日本語研究の細分化を克服するためには、日本語研究の全域を覆うような「日本語学」という名称が必要である。

これらの意見の中には、本書の立場と一致するものがあります。このような改称推進派の意見に対して、主に伝統的な立場から
・文献学的な日本語研究には「国語学」があてられてきた。
・「国語学」は「国学」の伝統を受け継ぐものである。

（『国語学』第五四巻一号）

という理由によって、「国語学」という名称を守ろうとする意見も出されました。しかし、文献学的な日本語研究や、「国学」の伝統的な研究方法や成果も、当然のように、日本語

史、日本語研究史の一部をなすものであり、それらだけを国語学として、広い意味での「日本語学」から除外する理由はありません。結局、国語学会全会員投票では、約七七〇対三六〇で、国語学会から日本語学会への改称が決定され、一九四四年に発足し、戦後の国語学の中心を担った国語学会は、二〇〇三年にその幕を閉じ、日本語学会として再出発することになりました。

「国語学よ、死して生れよ」

本書は、もちろん、そのサブタイトルの一部『国語から日本語へ』が示すとおり、国語という概念から日本語という概念への転換を主張します。したがって、国語という語から日本語という語への改称を、（基本的には）支持します。今まで述べてきたように、国語という語と概念の示す範囲が、きわめて狭いものだからです。しかし、だからといって、単に、国語という名称を日本語という名称に置き換えればよい、というものではありません。たとえば、先の国語学会員の意見の中には、

・「国語」が政治的であるように、「日本語」もまた十分に政治的である。かつて、大日本帝国の直接支配地域においては「国語」、大東亜共栄圏の他地域では「日本語」という名称が使われたのであり、安易な改称は問題の所在をあいまいにする。

・「日本語」「日本語学」という名称も、（「国語」と同様に）必ずしも包括的であるとは限らない。

として、便宜的で安易な改称を批判するものもありました。

これらの意見は非常に示唆的です。より包括的で広い視野に立っていると思われる「日本語」という語と概念もまた、言語のありのままの姿を捉えるためには、やはり、狭さと限界を持っているのです。

かつて、国語学の碩学《せきがく》亀井孝が、「日本言語学のために」という論文で、「国語学よ、死して生れよ」と悲痛な呼びかけを行なったのが一九三八年（昭和十三）のことです。この七〇年間に、はたして、「国語学」は本当に死して、亀井の目指した「日本言語学」として生まれ変わったのか、今こそ、十分な反省がなされなければなりません。そのためには、私たちは、国語という語と概念に反省を加えるだけでなく、日本語という語と概念に対しても、同じような検討と反省を加えなければならないでしょう。つまり、「国語」を単に「日本語」と改称するだけではなく、本当に、「国語」は死して「日本語」は生れたか、という問いを発しつつ、そのためには何が必要なのかを十分に考えるのでなければならないでしょう（子安宣邦《こやすのぶくに》『「国語」は死して「日本語」は生れたか』『近代知のアルケオロジー』）。

「日本語から○○語へ」という次のテーマがまさにそれに当たります。国語から日本語へ、そして、日本語から（まさにそれぞれの）○○語へ向かって……。

最後に、冒頭での約束のとおり、代表的な辞典の「国語」の定義を訂正して、本書の定義を掲げておきます。

結論　国語とは何か

『広辞苑』（岩波書店）

国語　①その国において公的なものとされている言語。その国の公用語。自国の言語。
②日本語の別称。
③漢語・外来語に対して、本来の日本語。和語。やまとことば。
④国語科の略。

『日本国語大辞典』（小学館、全十三巻）

国語　①ある一国における共通語または公用語。その国民の主流をなす民族が歴史的に用いてきた言語で、方言を含めてもいう。
②特に、わが国で、日本の言語。日本語。みくにことば。邦語。
③借用によらない、日本固有の語。漢語、外来語に対していう。和語。やまとことば。

④学校教育の教科の一つ。日本の言語および言語文化を取り扱う。「漢文」と対置または併称され、またこれを内容に含む場合がある。

『本書』

国語　国家の政治権力を背景に国家語として制定される言語。共通語や公用語とは本来別の概念である。日本では、明治から大正期に「標準語」として人為的に創出され、その内容や実質は日本語に比してきわめて限定された狭いものであるが、従来の「慣わし」として、拡大解釈され、日本語と等置されてきた。時には、借用によらない日本固有の語、純粋な和語、「やまとことば」などとも等置されてきたが、そのような言語の存在は架空の幻想に過ぎない。これらの概念の混乱や幻想を生み出した一因は、日本語教育を国語教育と称して実施してきたことによる。

日本語とは何か

「外」から見た「日本語」

これまで「国語」について詳細に検討してきて、「国語」という言葉は多くの問題を孕《はら》んだものであることに気が付かれたでしょう。では、国語から日本語へ転換するには、どんな手だてがあるのでしょうか。「国語とは何か」「国語から日本語へ」でも述べたように、これまでの内向きの視点をずらして、自明のものとして「国語」が扱ってきた「日本語」という言語を「外」から見ることから始めてみましょう。そのために、ここでは、「国語」ではなく「日本語」を扱ってきた「日本語教育」の立場から検討を加え、「国語」から「日本語」へ、さらに「〇〇語」へ進むための転換点を探ることにします。

はじめに、「日本語教育」とは何を指すのか、確認しておきましょう。「国語から日本語へ」で見たその定義に如実に現れているように、一

日本語教育とは

般には、日本語教育とは、外国人を対象とした言語教育であると考えられています。現在の「日本語教育学会」が、一九六二年（昭和三十七）に「外国人のための日本語教育学会」という名称（一九七七年改称）によって発足したことから、日本語教育の専門家たちも、当初は「外国人のための日本語教育」と捉えていたことがわかります。「外国人のための日本語教育」、そして「日本人のための国語教育」という捉え方は、現在でも多くの人々に浸透しているのではないでしょうか。

しかし、「外国人」とはどんな人を指すのか、「日本人」とは誰のことなのかをきちんと考えていけば、この捉え方は実態を反映していないことに気付きます。日本には、戦後、日本にとどまらざるを得なかった在日コリアンの人々がいます。その中には、日本国籍を取得した人も、あるいは、母語は日本語でありながら朝鮮籍、韓国籍の人もいます。また、日本人の中には、中国帰国者（残留孤児）や帰国子女、婚姻によって日本国籍となった外国人配偶者のように、日本語を母語としない人や、日本語が十分でない人たちもいます。

日本語教育の水谷修は「何のための日本語教育か」（『月刊言語』一九九三年一月号）の中

で、次のように述べています。

「外国人のための」ではなく、日本語を母語としない人のための、第二の言語の教育としての日本語の教育というのが事実に即した言い方である。また、帰国子女や、残留孤児の例などにも見られるが、すべての学習者が、日本語が完全にできないというわけではなく、能力が不充分だという場合もあるのであって、その場合は日本語が基盤にある上に日本語の能力を構築していくということになる。日本国内の地方方言を基盤に持つ者が、共通語を習得する時にも、異なった体系を持った言語を習得するという点では第二の言語の学習をすることになる。このように考えていくと、日本語教育と国語教育は完全に離れた存在ではなく、どこかで接点を持っているものだということができる。国語教育に日本語教育で生まれた技術を導入する可能性も存在する。

「標準語母語話者」などという者は存在せず、東京で話される言葉も一地域語（東京「方言」）なのだとすれば、すべての日本語母語話者は「地方方言を基盤に持つ者」であることになります。その人々が「共通語を習得する時にも……第二の言語の学習をすることになる」のであれば、見ようによっては、すべての日本語母語話者が「共通語」（標準語）を第二の言語として学習して身に付ける、とも言えるでしょう。そう考えると、国語教育と日本語教育は別々のもの、あるいは「どこかに接点を持っている」どころか、ある意味では第二言語習得という側面を共有していることにもなります。そうなれば、国語教育と日本語教育の境界線は、もはや確定できなくなるのではないでしょうか。そして、このような「国語教育と日本語教育の統合」という視点から、現在、さまざまな研究や実践が行われていることも、また事実です。

国語教育とは

一方、「国語教育」に目を転じると、一九〇〇年（明治三十三）に小学校令が改正され、国語科が設置されて以来、教科としての「国語」の名称が存在し続けました。その間、「国語」科の主要部分は、小説・詩・論説文などの読解と古文・漢文などの古典解釈でした。つまり、書記言語の読解とその作文が主な内容を構成していたのです。それに対して、口語としての「伝え合う力」が目標として掲げられるようになって、やっと母語訓練としての言語教育という側面が加えられたのは、学習指導要領が改訂された一九九八年（平成十）で、それほど古い話ではありません。元国立国語研究所所長の甲斐睦朗《かいむつろう》が指摘する（「日本語教育と国語教育」『日本語学』一九九七年五月臨時増刊号）ように、「国民教育を担う国語教育」という、現状維持派の強い意識に支えられているのか、依然として「国語」が「日本語」に改称される気配はありません。また、自らの母語を見つめ直すという作業も、まだ緒《ちょ》に就いたばかりです。母語話者にとってこそ、母語である日本語を「外の視点」から見つめ直すことが必要であるにもかかわらず、です。

世界の言語の一つとして外側から日本語を捉えるのが日本語教育ですが、では、「外の視点」から見た「日本語」とは一体どのようなものなのでしょうか。まずはその視点に立って、日本語を「文法」という点から考え直してみましょう。

日本語教育の文法と国語教育の文法

日本語という一つの言語の文法でありながら、日本語教育の文法と国語教育の文法（学校文法）とでは、かなり違っています。前章「国語から日本語へ」では、古典文法の予備知識として単に暗記すべきものでしかない学校文法を、「泣くに泣けない」状況にあると述べた日本語学者の言葉を引用しましたが、日本語を第二言語として理解し習得しようとする人にとっては、学校文法はまったく役に立たないと言っても過言ではありません。

では、学校文法の一体何が問題なのか、品詞を中心にして考えてみることにします。

学校文法（国語教育の文法）の品詞

学校文法の品詞は、ふつう図4のように分けられています。そして、動詞・形容詞・形容動詞の活用形を覚えたあと、次のような練習問題に進みます。

図4　学校文法による品詞分類図（『国語2』光村図書、二〇〇五年発行）

- 単語
  - 自立語
    - 語形が変化する（活用する）……述語になる（用言）……
      - 動作・作用・存在を表す…ウ段の音で終わる…動詞
      - 性質・状態を表す
        - 「い」で終わる……形容詞
        - 「だ・です」で終わる……形容動詞
    - 語形が変化しない（活用しない）
      - 主語になる（体言）…
        - 物事を表す……名詞
        - 物事を指し示す……代名詞
      - 修飾語になる
        - 主として用言を修飾する……副詞
        - 体言だけを修飾する……連体詞
      - 接続語になる…主として文と文をつなぐ……接続詞
      - 独立語になる…感動・呼びかけ・応答を表す……感動詞
  - 付属語
    - 語形が変化する……意味を付け加えたり、話し手の判断を表したりする……助動詞
    - 語形が変化しない…語と語との関係を示したり、意味を付け加えたりする……助詞

【問題】次の——線部の用言を言い切りの形に直し動詞・形容詞・形容動詞に分けよう。

あの都の苦しい仕事に耐えられず、逃げてきた東国の男も、もとはと言えば、おだやかに、楽しく、自分の故郷で静かに暮らしていたのだ。

（『中学校国語2』学校図書、二〇〇五年発行）

ずいぶん細切れに——線が引かれていると思いませんか。この問題の「耐えられず」「おだやかに」「楽しく」の部分は、「耐え」を「耐える」、「おだやかに」を「おだやかだ」、「楽しく」を「楽しい」という「言い切りの形」にすることによって、動詞、形容動詞、形容詞を取り出そうとしています。品詞を取り出すために、学校文法で言うところの品詞分類にしたがって線が引いてあるのですが、これでは、たとえ「耐え」が動詞、「楽しく」が形容詞、「おだやかに」が形容動詞だと分かっても、一体何のためにこんなことをしなければならないのか、理解に苦しむだけです。日本語の文法を考えることは、文を単語に分解して、その品詞名を挙げさせることではないはずです。

さらに問題があるのは、「きた」を「き」「た」、「いた」を「い」「た」、のように分けてしまうことです。これでは、「きた」が「くる」と対立して「過去—現在」、つまり、「テンス」という文法的な意味（文法カテゴリー）を作っていることが分からなくなってしまいます。学校文法では、「行った」は「行っ」と「た」の二語ということになりますが、これでは英語の helped が help と ed の二語でできていると言っているのと同じことです。

学校文法の活用

「行く」という語が形を変える語形変化を「活用」と言いますが、学校文法では、動詞の活用を、次の表1のように示しています。これを見ると、「かきくくけけ」と声を出して、活用表を暗記させられたことを思い出しませんか。

学校文法のこの活用表が抱えるもっとも大きな問題は、前述したように、「行かない」の「行か」を「ない」と切り離して、それだけで動詞（の「未然形」）としたことです。その結果、「行く」と「行か」が同列に置かれてしまい、両者がどのような文法的意味を担っているのか、見えなくなってしまいます。この「行く」という何も付かない「裸の形式」は、本当は、「行かない」と対立して「肯定」という文法的意味を表します。また、

表1　学校文法の動詞の活用表

主な続くことば		ナイ・ウ（ヨウ）	マス・テ・タ	言い切る	体言やノ	バ	命令の意味で言い切る
基本形	語　幹	未然形	連用形	終止形	連体形	仮定形	命令形
行く	い	か こ	き っ	く	く	け	け

「行く―行った」のように「行った」とも対立する重要な文法的意味を持っています。そのことが、「行か」「行っ」「行く」を形だけ機械的に並べた活用表からは、まったく抜け落ちてしまうのです。日本語教育では、「行かない」「行った」は一語として考え、動詞「行く」のナイ形（否定形）・タ形（過去形）という活用形の一つと考えています。このように捉えれば、「行く―行った」の対立を持つ「テンス」という文法カテゴリーが明示できます。

品詞分類はなぜ必要なのか

話を品詞にもどしましょう。そもそも根本的な問題として、なぜ言葉を品詞に分けなければならないのでしょうか。文を細切れに分解して品詞を分類する前に、この問題について考えてみましょう。

次の文は、日本語学習者がよく作る文ですが、おかしいところはどこでしょうか。その理由も考えてみてください。

①　病気なおばあさんが寝ていました。
②　これは便利の道具ですよ。
③　おもしろいの本はありませんか。
④　日本人は魚をたくさん食べるです。

（参考、野田尚史『はじめての人の日本語文法』、寺村秀夫『日本語の文法（上）』）

母語話者が母語を使用するのに品詞を意識することはありませんが、外国語を理解するには、品詞が重要な役割を果たします。英語を勉強したとき、「"happy" は形容詞だから "I am happy" のように be 動詞を伴うが、"study" は動詞だから "I study English" のように be 動詞はいらない」と考えたことを思い出してください。このように言葉を分類すれば、ある文法現象が説明しやすくなります。この「言葉の分類」が品詞です。

品詞分類を使うと、①「病気」は名詞だから、あとに名詞が続くときは「病気なおばあさん」ではなく「病気のおばあさん」と言う（「図書館の本」のように）、②「便利」はナ形容詞だから、あとに名詞が続くときは「便利な道具」と言う（「静かな海」のように）、などと説明ができます。また、③「おもしろい」はイ形容詞（ナ形容詞、イ形容詞という名称については、次の段落で説明します）だから、あとに名詞が続くときはそのまま付けて「おもしろい本」と言う（「大きい荷物」のように）、④「食べる」は動詞だから、丁寧に言うときには「です」ではなく「ます」を付けて「食べます」にする（名詞、形容詞には「です」を付ける）、という具合です。

「便利な」「静かな」という、学校文法では「形容動詞」（「便利だ」「静かだ」）とするものを、日本語教育では「ナ形容詞」と呼びます。学校文法では、名詞に「なり／たり」という助動詞が付いて作られたという語源から形容動詞と呼ぶのですが、その働きは形容詞に近いものです。日本語教育では、学校文法の「形容詞」を「イ形容詞」（名詞に「―い」で接続するから）、学校文法の「形容動詞」を「ナ形容詞」（名詞に「―な」で接続するから）と呼び、二種類の形容詞と考えています。

次の、中学校の国語教科書に出ている問題を見てください。

【問題】次の――線部は、形容動詞か別の言葉かを指摘しよう。

A　あの花はぼたんだった。
　　あの花はきれいだった。

B　夜の海は静かだった。
　　彼の職業は医者だった。

（『中学校国語２』学校図書、二〇〇五年発行）

この問題を解くためには、「ぼたん」や「医者」は「ものの名前」だから名詞、「きれいだ」や「静かだ」は「物事の性質・状態」を表しているから形容動詞、というように、その語の持つ意味的な性質を考えなければなりません。つまり、学校文法は、語彙的な意味に品詞分類の基準を求めているわけです。しかし、この方法では、「久しぶりに会った祖父は病気だった」「久しぶりに会った祖父は元気だった」（学校文法の品詞分けにしたがって傍線を引きます）の傍線部の品詞を区別することは困難でしょう。

非母語話者が日本語を勉強する時には、ことばを品詞に分けて覚える必要があります。そして、それぞれの語が他の語と続くときにどのような形になるのかという文法的性質（統語的性質）に基づいて分類したものが、品詞なのです。このような文法的性質の理解は、日本語を学習する人だけでなく、日本語母語話者にとっても、言葉について考え、自分の母語を客観的に認識する上で、きわめて重要であるはずです。学校文法のように、「動詞は動作や存在を表し、基本形がウ段の音で終わる単語」、「形容詞は性質や状態を表し、基本形が『い』で終わる単語」などと、語彙的な意味と形式に基づいて説明するだけでは、その語の持つ文法的性質を明らかにすることはできません。

品詞に境界線はあるか

「病気」は名詞だから、あとに名詞が続くときは「病気なおばあさん」ではなく「病気のおばあさん」と言う――さきほど、日本語を学習する非母語話者にはこのような説明が必要であることを確認しました。しかし、筆者の大学の講義で、ある日本人学生が「『病気な人』とも言います」と言い出しました。この学生によると、「ひどく変わったおかしな人」のことを「ビョーキな人」と言うのだそうです。この場合の「病気」は名詞と言えるでしょうか。ふつうは、「元気なおばあさん」のように名詞（おばあさん）の前が「―な」になるものはナ形容詞と考えます。したがって、「病気のおばあさん」の「病気」は名詞、「元気なおばあさん」の「元気」はナ形容詞、と品詞を分けますが、「ビョーキな人」の場合は、肉体的な「病気」ではなく、「ひどく変わっている」という性質を表すので、ナ形容詞として使われていると思われます。

　ふつうはナ形容詞に分類される「元気な」も、「元気がいい」とか「元気を出す」のような言い方があるように、名詞に付く格助詞「が」や「を」に接続して名詞として使われることもあります。考えてみると、言い切りの形は「学生だ／静かだ」、過去形は「学生だった／静かだった」、否定形は「学生ではない／静かではない」となって、名詞とナ形容詞の活用形は全く同じです。名詞とナ形容詞の間にはっきりした境界線を引くことは、むずかしいのかもしれません。そういえば、月面のクレーターに「静かの海」という命名がなされたことがありました。地球上の「海」はふつう「静かな海」と言うことからもわかるように、「静かな」はナ形容詞です。月面の「静かの海」という命名も、名詞とナ形容詞の連続性を示すものでしょう。

　これらのことからもわかるように、品詞分類は絶対的なものではなく、連続性を持って

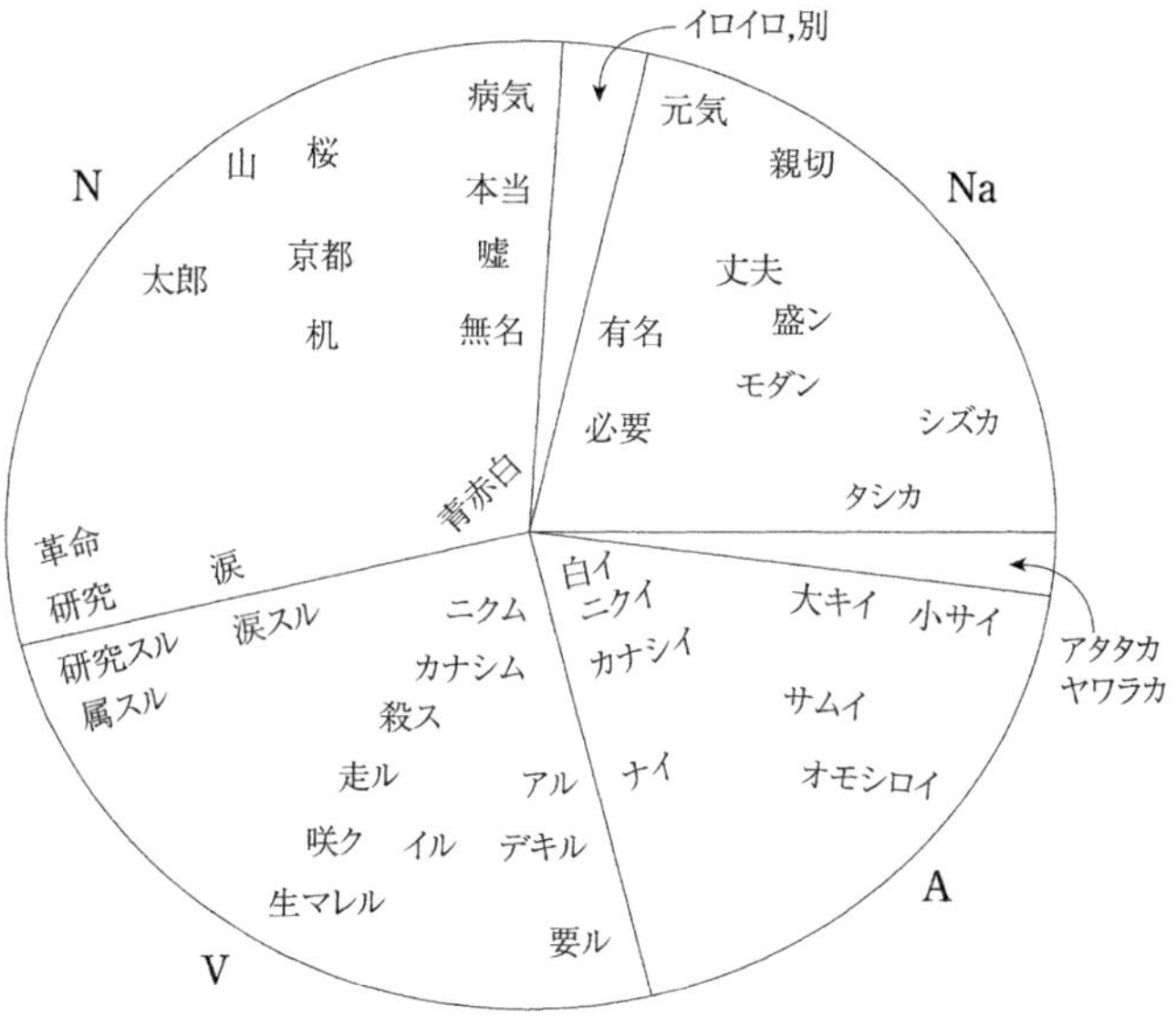

図５　品詞の連続性（寺村秀夫『日本語のシンタクスと意味Ｉ』）

注　N＝名詞，Na＝形容動詞，A＝形容詞，V＝動詞

います。日本語教育の実践から大きな示唆を得たと言われる日本語学者寺村秀夫は、名詞と動詞も、「研究―研究スル」「愛―愛スル」のように、名詞に「スル」をつければ動詞、動詞から「スル」を取れば名詞として使えるものがあるように、連続する部分を持っていると考え、品詞の連続性について「少なくとも日本語の場合、実質語の分類は、上の図（図5：引用者）のように、境を接して隣り合っている四つの領域として理解すべきであろう」と述べています。

このような「連続性」という視点まで含めて品詞分類を考えることは、日本語の文法理解にとって大変に意義のあることです。この点からも、学校のテストなどで機械的に品詞名を答えさせることの是非が問われます。

言語変化に見る品詞の連続性

この「品詞の連続性」は、日本語の言語変化にも見ることができます。たとえば、最近「それ、ちょっと違くない？」という言い方をよく耳にします。「違う」は「違います」のように「ます」に接続するので、動詞（「食べます」「読みます」）です。したがって、「違う—違わない」（「歌う—歌わない」）という対立を持っていたはずなのですが、なぜ「違う—違くない」が生まれたのでしょうか。

「違くない」は、品詞から考えると、動詞ではなくてイ形容詞「おいしい—おいしくない」のように活用させたものと思われます。「違う」という言葉が、ある状態を表し、意味的に動詞より形容詞に近いために活用がイ形容詞化したのかもしれません。若者たちは仲間内では「ちがうよ」を「ちげーよ」と言っていますが、イ形容詞「あぶない（-nai）→あぶねー（-nee）」となるように、「ちげー」は「ちがい（-gai）→ちげー（-gee）」から出てきたのでしょう。時を経て言い切りが「違う」から「違い」に変われば、これはもう立派なイ形容詞です。

このような若者ことばに端を発した言語変化からも、品詞は連続していることがわかります。学校文法では「誤用」とか「乱れ」とか非難されることの多い「若者ことば」ですが、そこからは言語についての大切な知見が得られるのです。

国文法から日本語文法へ

日本語を「外側から」見直してみると、多くの興味深い日本語の姿が見えてきます。「学校文法」という狭い視野で国語を捉えている限り、日本語を世界の言語の一つとして広い視野から捉え直す視野は、望むべくもありません。学校文法に欠けているのは、自らの第一言語（母語）を、一旦そこから身を離して外から見直してみる「反省」の視点なのです。まさにこの、外の視点、反省の視点こそ、第二言語としての日本語習得を担ってきた日本語教育が直面せざるを得なかったものであり、その視点によって、現代日本語を理解するために必要な、数多くの文法的知見が蓄積されてきたのです。

自分自身の母語に関して、一旦、その外に身を置いてもう一度見直してみること、それがなければ、自分が使う言葉が、どのような性質や構造を持った言葉なのか、理解することは不可能でしょう。それがなければ、ごく当たり前のように使っている日本語がどのような文法を持つのか、それは他の言語とどのような共通点を持ち、またどのような差異があるのか、そしてそれを自覚することがどのような意味を持つのか、というような認識には至らないでしょう。そのような理解と認識こそが、各人の言語表現能力を発展させるのだと思います。

「国文法」ではなく「日本語文法」として文法を捉える視座が育まれれば、「国語」ではなく「日本語」として母語を捉えることも可能になるのではないでしょうか。

元国立国語研究所所長の甲斐睦朗は、日本語教育の、外側から日本語を捉える視点が、国語教育に与える影響について、次のように述べています。

「国語」教育から「日本語」教育へ

他方、第一言語、第二言語を併せた日本語教育という名称を速やかに採用することが、却《かえ》って国語教育の反省につながるのではないかという見方がある。もしも国語教育を日本語教育に改称した場合、世界からとらえた日本語の教育という見方が、現行の情感的思いやりに厚い国語教育を質的に脱皮させうるのではないかという期待である。私もその期待を抱く一人である。

（「日本語教育と国語教育」『日本語学』一九九七年五月臨時増刊号）

言語にしても文学にしても、自明と思われるものを相手の立場から一つ一つ問いなおす作業によって、自分の生きる日常を「当たり前」と見なしその価値体系を絶対化しようとする思考の枠組みが、取り払われるのではないでしょうか。それが、甲斐睦朗の「現行の情感的思いやりに厚い国語教育を質的に脱皮させうる」（傍点引用者）という言葉が意味するものなのだと考えます。

思考の枠組みを「国語」から「日本語」へ変換するために、まずは、「国語」教育から「日本語」教育への転換を提案したいと思います。

侵略戦争と日本語教育

それでは、世界の言語の一つとして日本語を眺める視点を養えば、すべての問題から解放されるのでしょうか。「国文法」を「日本語文法」に、「国語」教育を「日本語」教育と呼び変えれば、問題はすべて解決するのでしょうか。「国語から日本語へ」――この段階には、まだまだ多くの検討すべき問題が残されています。「日本語」、「日本語」文法、「日本語」教育、これらの段階にも、やはり限界は存在するのです。この限界をしっかりと認識し、それを突き破るためには、私たちはさらに思索を深めていかなければなりません。

次の一歩として、日本語教育の「負の遺産」と言われる、戦時下の「日本語教育の歴史」に光を当てることから始めたいと思います。

侵略戦争とともに拡大する日本語教育

これまで見てきたように、一般に、日本語教育とは日本語を母語としない非日本語母語話者を対象としたものと考えられています。この前提に従えば、日本人が日本語を母語としない人たちに本格的に日本語教育を行なったのは、一八九五年（明治二十八）、日清戦争終結後の下関条約によって日本政府の台湾統治が始まったときが最初と言ってよいでしょう。もちろん、それ以前にも、一八八一年に福沢諭吉の慶応義塾で朝鮮から留学生二名、中村正直《まさなお》の同人社で一名を受け入れたことを始めとして、日本語教育は実施されていました。しかし、その規模と組織の点からいえば、台湾における日本語教育が、国家的事業としての日本語教育の始まりと言えます。

これ以降、日本は日露戦争後の一九一〇年に朝鮮を植民地化（日韓併合）し、第一次世界大戦後にはサイパン・パラオ・トラックなどの南洋群島の委任統治権を得て、満洲事変の翌年である一九三二年（昭和七）に「満洲国」を建国します。そして、一九三七年の盧《ろ》溝橋《こうきょう》事件を引き金に、日中戦争、太平洋戦争へと突入していくのですが、それに伴って、「大東亜共栄圏の共通語」として、「日本語」も広がっていきます。

当時の文部省国語審議会幹事長でもあった国語学者保科孝一《ほしなこういち》は、その論文「大東亜通用語としての日本語」の中で、次のように述べています。

支那事変につぎ大東亜戦争勃発以来、わが皇軍将士の忠勇果敢なる勇戦奮闘に依《よ》り、到る処連戦連勝、世界の戦史に於て、未だ曾《かつ》て例のない一大戦果を収めるに至つたことは、誠に感激の至りである。この偉大なる戦果に依り、大東亜共栄圏の確立を見、わが大日本帝国が、その盟主となり、共栄圏の各国家、各民族を指導して、その健全なる発展、隆々たる盛運を期待すべき、重大なる責任を担ふに至つたのである。

（国語文化学会編『外地・大陸・南方日本語教授実践』）

わが大東亜共栄圏内には、各種の民族があつて、それぞれ固有の言語を有してゐる。しかして圏内の各民族が、皆それぞれの固有の言語を使用してをるやうな場合には、その民族の団結が自然に弛《ゆる》んでくる。強固に之を結びつけるといふことが、非常に困難になるのである。であるから、大東亜共栄圏の健全なる発展を促して行くのには、先づその団結を強固にしなければならないが、その団結を強固にするには、一つの言語に依つて、各民族を結びつけて行くといふことは、何よりも緊要な条件である。さういふ点から観て、大東亜共栄圏の団結を緊密にし、又防備を堅固にして、他のブロックをしてわが大東亜共栄圏の隙を窺ふ余地のないやうにして行くといふのには、日本語に依つて、共栄圏の各民族を固く結びつけるといふことが、もつとも必要な条件であると信ずる。即ち大東亜共栄圏の通用語として、日本語を認めて行く、日本語に依つて大東亜共栄圏の各民族を固く結びつけるといふことは、この共栄圏の健全なる発展を促す上に於て、何よりも必要な条件であると私は確信するのである。

（前掲書、傍線引用者：以下同様）

当時の日本は、アジア諸国を欧米の植民地支配から解放し「大日本帝国が、その盟主となり、共栄圏の各国家、各民族を指導して、その健全なる発展、隆々たる盛運を期待」して、「大東亜共栄圏」の建設を目指そう、という大義名分を掲げました。そして、「大東亜共栄圏の団結を緊密にし、又防備を堅固に」するためには、「日本語に依つて大東亜共栄圏の各民族を固く結びつける」ことが、「何よりも必要な条件である」と考えたのです。このような思想は、戦時下にある日本では至極当然なものとして受け入れられ、「大東亜共栄圏の共通語」「東亜語としての日本語」が、軍主導の国策によって普及していきます。

そして、その国家的事業の先兵として、多くの日本語教師が占領地へと派遣されました。大連《だいれん》西崗子公学堂教諭である加藤福一は、その論文「民族陶冶《とうや》としての日本語教育」（タイトルにも驚かされます）の中で、日本語教育の目指すところを次のように説きます。

> 民族陶冶としての日本語教育は皇国の道に帰一随順せしめ興亜の心を我が心とするを以つて指標とする。教科としての日本語指導はどこまでもこの日本教育の全面的な支持者とし、その中核を形成させて行く分野であらねばならぬ。現在の日本語教育は只日本語を巧みに操るだけの人を作るのでは許されない。どこまでも東亜建設の目的原理に両脚を踏張つた民族陶冶としての日本語教育たらねばならぬ。（前掲書）

「民族陶冶としての日本語教育」――このような寒々しい言葉を標榜せねばならなかったのが、植民地下における日本語教育だったのです。六〇年余りの時を経て、私たちはこの場所からどれほど歩を進めることができたのでしょう。二度とふたたび、世界がこのような状況に陥らないために、私たちは、今、しっかりとこの「負の遺産」を見つめ直さなければならないと思います。まずは、侵略戦争とともに拡大していった日本語教育の足跡をたどってみることにしましょう。

台湾における日本語（国語）教育の始まり

下関条約によって日本の領土となった台湾で行われた日本語教育は、総督府学務部長心得として一八九五年に台湾に渡った伊沢修二によって、「国語教育」として、台北郊外の芝山巌《しざんがん》において開始されました。伊沢修二は、東京師範学校、東京音楽学校、東京聾唖《ろうあ》学校の校長も務めた明治・大正期の教育家ですが、台湾へ渡る直前に『広島新聞』（一八九五年五月二十五日）に「日本語をもつて言語の通ずることに尽くし、しかるのちに彼ら（台湾の人々：引用者注）の脳裏の開拓にとりかかるべきである」といった抱負を述べています（関正昭『日本語教育史研究序説』）。その伊沢が建てた学校芝山巌学堂が、一八九六年、伊沢の一時帰国中に反日蜂起《ほうき》した台湾人に襲われ、日本語教師六名が殺害されるという事件が起きました。これが有名な芝山巌事件です。このような事件にもかかわらず、同年、日本語教育を行う国語伝習所、その教員を養成する国語学校と師範学校が設置されます。その後、一八九八年に台湾公学校令が発布され、多くの国語伝習所は廃止されて公学校となりました。公学校は、低年齢層の子どもに教科全般を教えるという現在の小学校に近いもので、その公学校令第一条には「公学校ハ本島人ノ子弟ニ徳育ヲ実施シ実学ヲ授ケ以テ国民タルノ性格ヲ養成シ同時ニ国語ニ精通セシムルヲ以テ本旨トス」とあります。さらに、一九一九年（大正八）の台湾教育令によって、国語教育、国語普及の法的、制度的な環境が整備され、続く一九二二年に発布された新台湾教育令によって、「内地人」（日本人）と「本島人」（台湾人）が共学となります。これによって、「本島人」にも中等教育機関へ進学するための日本語力が要求されるようになりました。

一方、先住民の「高砂族《たかさごぞく》」には、「本島人」とは別に教育が行われ、一九二八年の「教育所に於ける教育標準」によって、蕃童《ばんどう》教育所と呼ばれる修業年限四年の教育施設が警察官吏駐在所に併設されました。高砂族に対する日本語教育は、日本語が各種族間の共通語となり得たことで、「交流の手段として現実的な効用」をもたらしました。しかし、野蛮から文明開化への〝啓蒙〟が強く意識され、蛮族に対して文明語としての日本語を教え、清潔を教え、勤労を教えるというのが、高砂族に対する日本語教育でしかなかったのです（川村湊《かわむらみなと》『海を渡った日本語』）。

台湾における日本語教育は、植民地下における「同化政策」にほかなりませんでした。台湾における日本語教育の創始者である伊沢修二の「彼ら（台湾の人々）の脳裏の開拓にとりかかるべきである」という言葉や、「以テ国民タルノ性格ヲ養成シ同時ニ国語ニ精通セシムルヲ以テ本旨トス」という公学校令第一条を見ると、むしろ、日本語教育こそがその同化政策の根本を成していたと言うべきであるようにも思えるのです。それは、「同化」と言っても、台湾人に完全な平等が与えられたはずはなく、さまざまな不平等と差別を前提としたもの以外のものではあり得ませんでした。

皇民化教育へ

一九三七年に日中戦争が勃発してからは、台湾では、「植民地の臣民を真の日本人に改造する努力、植民地の臣民を皇国の臣民（皇民）にすることを目標とした『皇民化運動』が強化」されて、「あらゆる公的媒体で漢文の使用が禁じられ、神社への参拝が義務づけられ、地元住民には日本人の姓を名乗ること」（フェイ＝阮《ユアン》＝クリーマン『大日本帝国のクレオール』）が求められました。そのような中で、「国語」の普及が強化されていきます。「国語常用家庭制度」が設けられ、「国語」を常用している家庭は、審査に通ると「国語常用家庭」という標識を家の前に掲げて、配給などで日本人と同様に優遇されるなどのさまざまな特権が得られるようになりました。

当時の日本語（国語）教育の一局面を示す作文を以下に紹介しましょう。

公学校に居た時分「だ、ら」「ど、ろ」の発音が分らなくて、「だ」といふ所をらといつたりらといふ所をだといつたりして区別がつきませんでした。或日の読方の時間に、先生が黒板に、

「どろどろしたどろみちに、よひどれがころんでどろだらけになつた」

と、書かれて、端の列から一人々々言はせましたが、一人として終りまで言へた人はありませんでした。（中略）鐘が鳴つて一時間は終りましたが、先生は「日本人に生

れて日本語が正しく言へない人は外国へ行け」と叱られました……私も日本人でないやうにいはれて涙がとめどもなく流れました（下略）。

（斎藤義七郎「台湾における言葉をめぐつて」『外地・大陸・南方日本語教授実践』）

この作文を紹介している斎藤義七郎は、当時、台湾蘭陽高等女学校教諭だったという人物ですから、おそらくこれは、受け持ちの生徒の一人が書いたものでしょう。作文中に「公学校に居た時分」とあるので、今の小学校高学年ぐらいの少女が経験したものと思われます。ダ行がラ行に発音されてしまうのを矯正《きょうせい》するために教師が作った「どろどろしたどろみちに、よひどれがころんでどろだらけになつた」という文には、あきれてしまいますが、それが言えないことをとらえて、「日本人に生れて日本語が正しく言へない人は外国へ行け」と責める教師の言葉からは、意地の悪い発音矯正を繰り返すのも、「日本人にするためなのだ」という、思い込みにも似た気負いが感じられます。そして、「私も日本人でないやうにいはれて涙がとめどもなく流れました」という少女の言葉からは、ただ日本人になるためにひたすら国語（日本語）を勉強する幼い子供たちの姿が浮き彫りにされます。

国語が「本島人」の家族に何をもたらしたのか、次の作文はその一端を伝えています。

（前略）母は字も読めず、国語も使へないのです。本をめくつて料理をつくる事なく、自分の幼い頃に食べた料理を思ひ出しては実験するといふ風です。ですから私達も心してむだにたべたり、悪く批評することなく、皆ニコ〳〵と食べるので自然と嫌な物も好きになつてしまふ。おいしい料理をたべつつ皆は今日の出来事を語る。始め頃は台湾語で云ひ合ひますが、いつとはなしに国語になつてしまふのをどうする事も出来ません。私達四五人は何気なしに語るが、国語の出来ない母はすまして聞く、私は時々母の姿を見てハッとして頭を下げて台湾語を使ふ。しかし母は私達の使つてゐる言葉を聞きもらさず、一つ一つの単語をおぼえながらお給仕をするので、時たまお給仕を忘れるが皆は笑ひません。母の真剣さに感激してしまひます。それで皆は一番易《やさし》い正しい国語を使つて話をすると、母も意味ありげにほほゑまれて時々正しい国語でお話をなされる。その時は私ほつとするのです。（前掲書）

「ニコニコと」、母の作った「おいしい料理をたべつつ皆は今日の出来事を語」り合う、微笑ましい家族団欒《だんらん》の食事のひと時の様子が描写されています。しかし、そこには、「字も読めず、国語も使へない」母と、「いつとはなしに国語になつてしまふのをどうする事も出来」ない子供たちとの間の緊張感があります。「国語の出来ない母はすまして聞く、私は時々母の姿を見てハッとして頭を下げて台湾語を使ふ」――この時の母と子の気持ちはどのようなものだったのでしょう。母は、自分の言葉である「台湾語」で育てたはずの子供たちが、自分には理解できない、支配者側の「日本語」を「国語」と呼んで、一家団欒の場に持ち込み、流暢《りゅうちょう》に操るのを、「すまして聞」いているのです。そこに親としての屈辱感がないはずはありません。それを子供も感じるからこそ、「ハッとして頭を下げて台湾語を使ふ」のでしょう。皆が母のために「一番易い正しい国語を使つて話を」した時に、母が浮かべた意味ありげな微笑みには、自分を情けなく思う（あるいは子供たちを情けなく思っているのかもしれません）、悲しい母の思いが象徴されています。母が「時々正しい国語でお話をなされ」た時に「ほつとする」この女学生の気持ちは、察して余りあります。

文芸評論家の川村湊は、この作文を取り上げ、次のように述べています。

台湾総督府は、学校を通じて日本語を台湾人の次世代に普及することと同時に、そうした子供たちを通じて、家庭の中、社会の内側に「国語」を普及させることを狙っていた。子供たちとの団欒に加われない母親、孫との会話の楽しみを奪われてしまった老人。そうした台湾社会の隅々まで、日本語を普及させるためには、まさに子供たちを〝人質〟に取る政策が取られたのである。（川村湊『海を渡った日本語』）

植民地台湾において、「日本語」教育は、「まさに子供たちを〝人質〟に取る」ような形で「国語」教育として行われていたのです。そうして進められた「国語」教育の結果、一九四一年には日本語理解者率が五七％に達したという報告（関正昭『日本語教育史研究序説』）もあります。

朝鮮半島における日本語(国語)教育の始まり

朝鮮における本格的な日本語教育は、一八九一年に英語学者岡倉由三郎《おかくらよしさぶろう》が、当時の漢城（現在のソウル）に設立された日語学堂に招聘《しょうへい》されたことによって始まりました。この頃の「日本語」は、英・独・仏・露・漢語などと対等の「外国語」でした。その後、一九〇五年の第二次日韓協約によって、日本は当時の大韓帝国の外交権を奪って保護国とし、翌年には総監府が置かれます（その初代総監、伊藤博文は一九〇九年に独立運動家、安重根《アンジュングン》によってハルビン駅で射殺されます）。教育制度が改編され、小学校・中学校に相当する普通学校・高等学校で日本語教育が行われました。この時期は、まだ朝鮮語が「国語」でしたが、「日語」（日本語）は必須科目となって「第二国語」とも言うべき地位を固めることになります。

「内鮮一体」の同化教育

一九一〇年に韓国併合条約を強要して「日韓併合」がなされると、「日本語」が「国語」となり、その「国語」としての「日本語」教育によって、内地の日本と外地の朝鮮を一つにしようとする「内鮮一体」の同化教育が推し進められました。一九一一年に公布された朝鮮教育令第二条及び第五条を以下に示します。

第二条　教育ハ教育ニ関スル勅語ノ旨趣ニ基キ忠良ナル国民ヲ育成スルコトヲ本義トス

第五条　普通教育ハ普通ノ知識技能ヲ授ケ特ニ国民タルノ性格ヲ涵養《かんよう》シ国語ヲ普及スルコトヲ目的トス

（森田芳夫『韓国における国語・国史教育』）

「忠良ナル国民」の育成と「国語」（日本語）が不可分のものとして示されていることが分かるでしょう。こうして、学校教育を中心とした「国語」普及政策が推進されていきます。一九三八年に出された改正朝鮮教育令、小学校規定第十六条には次のようにあります。

七　国語ヲ習得セシメ其ノ使用ヲ正確ニシ応用ヲ自在ナラシメテ国語教育ノ徹底ヲ期シ以テ皇国臣民タルノ性格ヲ涵養センコトヲ力《つと》ムベシ

八　教授用語ハ国語ヲ用ウベシ

（前掲書）

つまり、「国語を正確に自在に使えるように国語教育を徹底して、皇国臣民の育成に努めよ」というわけです。「校内で間違って朝鮮語を使った生徒は一列に並ばされて殴られることもあった」り（関正昭『日本語教育史研究序説』）、「当時、日本語を使わずに、韓国語を使った場合は、罰金、体罰が加えられ、時には学校から追い出される停学処分まで受ける場合もあった」（http://www.age.ne.jp/x/oswcjlrc/jlrc/yim-lec.htm 一九九七年三月六日、大韓民国中央大学校副教授任栄哲《イムヨンチヨル》氏によって行われた、公開講演会「韓国人から見た日本語」）と言います。学校の授業はすべて「国語」（日本語）で行われ、「朝鮮語」の教科を正課からはずして随意科目とし、一九四一年の国民学校令によって「朝鮮語」は完全に教育課程から外されました。

さらに、一九三七年に日中戦争が勃発し戦火が拡大すると、皇民化教育が徹底されて、学校だけでなく、社会全体で「国語」を常用することが強要され「国語全解・国語常用運動」が展開されます。そのような中で、一九三九年、朝鮮人の氏名を日本式に改変させる「創氏改名」が強行されました。イ＝ヨンスクは『国語という思想』の中で、日本のこの時期の植民地統治政策について、次のように述べます。「皇民化政策においては被支配者の民族性は完全にもみ消され、すべての植民地異民族を『皇国臣民』へとつくりかえることが至上命題とされた」、「こうして、朝鮮人はもはや『朝鮮人』ではなく、ひたすら『同化』されるのを待つ『国語ヲ常用セサル者』でしかなくなってしまったのである」と（一九二二年〈大正十一〉の第二次朝鮮教育令で「内地人」、つまり日本人は「国語ヲ常用スル者」、「朝鮮人」は「国語ヲ常用セサル者」と法的に規定されました）。このような「内鮮一体」の皇民化言語政策の目標は、民族の魂を奪いとってしまい、さらには民族語としての韓国語を抹殺することにあったと言われています。その皇民化言語政策において日本語（国語）教育が果たした重大な役割を、私たちは心に銘記しなければならないと思います。

「朝鮮人」と「日本人」

一九一九年に出版された『最近児童文集』（岸田《きしだ》牧童《ぼくどう》編）「尋常小学五学年の巻」には、朝鮮釜山《プサン》第一公立尋常《じんじょう》小学校の日本人少女が書いた「朝鮮人」という題名の作文があります（原文は漢字カタカナ文）。

私が初めて朝鮮へ来て、朝鮮人が異様な姿で変な形の木をかついで居るのを見た時は、本当に何者だらうと思ひました。それから段々となれて来るにつれて、色々の事が分つてきました。私が初めて見て驚いた者の名も分りました。又第一服装が異つて居ますし、言葉もずつとちがひます。此頃《このごろ》は余り見受けませんが、髪を「ちよんまげ」の様に結つて居ります、私は毎日電車で通学して居りますから、朝鮮人の性質も大抵分ります。朝鮮人の婦人は大抵不遠慮です。どんなにぎつしり込合つて居ても、白い着物のよごれたのを着て割込んで来るのには、本当に困ります。又若い者も大抵は親切の心などは少しもなく、老人が前に立つて困つて居ても、知らん顔をして居ます。此《こ》んな事は東京市中の電車では滅多に見ぬ事です。けれども又考へ直して見ると、可愛さうであります。私等は此の無智な人を教へ導いていたはらなければなりません（五月二十日）。

評　朝鮮人がはやく日本人にならぬとこまります。

この文集は、日本全国の小学校から集められた作文の中から岸田牧童が選んで評を加え、小学校における「綴方」教授のために編集されたものです。この作文には小学生の少女の目に映った「朝鮮人」の姿が綴られていますが、それは「無智」で「教へ導いていたはらなければ」ならないかわいそうな人たちだったと言います。また、作文に対する「朝鮮人がはやく日本人にならぬとこまります」という評にも、当時の国語教育に携わる者の典型的な考え方が現れています。

一方、一九一九年生まれの在日作家金達寿《キムダルス》は、著書『朝鮮―民族・歴史・文化―』の中で、子どものころの目に焼きついた「日本人」の様子を、次のように記しています。

そして私がはじめて目にした日本人というのは、家へ来る高利貸であった。彼は家のものや村の人々からはトクとよばれていたのをおぼえているが、彼は、いつも二重まわしを羽織って猟銃を手にしていた。私はいまも、このトクさんの顔と姿とを目の底にのこしている。というのは、彼が訪れてくるたびに、必ず家では騒動がおこったからである。収穫をおえたばかりの籾俵《もみだわら》が、半狂乱のようになって引きとめる祖母の手をはらいのけてそのままどこへともなく積みだされ、そのあとからは、きまってこれまた父と母とは夫婦げんかをした。私は、自分の一家の主体的なそれはすべてタナに上げていうわけではないが、私の一家はこのトクさんが訪れてくるたびに音を立てて崩《くず》れていったようであった。あげくは一家をたたんで、日本への流浪であった。この私の一家は、そのほんの一例にすぎない。こうしてハダカにされた朝鮮の農民は、北方のものは主として中国・満洲へ、南方のものは日本へと安価な労働力となって流れでた。

おそらくは、先の日本人少女が作文に綴った「異様な姿で変な形の木をかついで」いる「朝鮮人」や、「白い着物のよごれたのを着て割込んで来る」「不遠慮」な婦人、そして「親切の心などは少しもな」い若者の姿の向こう側には、「併合」という名のもとに、「日本人」によって、言葉ばかりか、「収穫をおえたばかりの籾俵」をはじめとして土地や家などを収奪され、「ハダカにされた」朝鮮の人々の現実があったのではないでしょうか。それに対して、朝鮮の子どもの目に映った「日本人」は、「いつも二重まわしを羽織って猟銃を手にして」いて、「半狂乱のようになって引きとめる祖母の手をはらいのけ」、「収穫をおえたばかりの籾俵」を積みだしていく高利貸しの「トクさん」だったのです。その「日本人」の「トクさんが訪れてくるたびに」、一家は「音を立てて崩れていった」と、金達寿は振り返ります。そして、先の作文集の編者は、「朝鮮人」が「はやく」そんな「日本人にならぬとこまります」と嘆くのです。

あまりに深く遠い、この時代の「朝鮮人」と「日本人」の隔たりには、それを語る言葉も見つかりません。支配者と被支配者、抑圧者と被抑圧者、「日本人」と「朝鮮人」には、ほとんどの場合、このような二項対立的な構図しか存在し得なかったのでしょう。「内鮮一体の同化教育」の名のもとに生み出されたものは、まさに一方的な「序列」意識と「差別と排除」以外の何ものでもなかったことが窺い知れます。

しかし、その二項対立的な図式を、そして、差別と排除をも越えていこうとする「日本人」少年と「朝鮮人」少女を描いた小説があります。

『カンナニ』

一九三五年に作家の湯浅克衛《ゆあさかつえ》によって書かれた『カンナニ』という植民地小説がそれです。当時は伏字《ふせじ》だらけの無残な形で『文学評論』四月号に掲載されましたが、終戦後の一九四六年に「全《ま》ったき姿」となって、講談社から復刻されます。湯浅克衛は、日韓併合の年に香川県に生まれ、六歳の時にこの作品の舞台である京畿道水原《キヨンギドスウオン》に落ち着き、それから終戦の日までこの地で暮らした、本人の言葉を借りれば「朝鮮の第二世」です。本編は、おそらく彼自身の少年時代の思い出に基づくものと思われますが、小学校五年生の日本人少年「龍二」と十四歳の朝鮮人少女「カンナニ」の淡い恋心を軸として、二十世紀はじめの植民地朝鮮の様子が描かれます。龍二とカンナニが出会う場面を次に紹介しましょう。

龍二は、父の総督府巡査という仕事の関係で李根宅子爵《ししやく》邸内の一角に住んでいましたが、その広大な敷地内を探険して、豪華な庭園に入り込み、その芝生の上に寝そべっていました。

「誰そんなところにはいつてゐるの」女の子は怖れを顔いつぱいに現しながら、それでも龍二の顔を認ると、声も柔らげた。「いかんのよ、小学生、そんなとこ、はいると」流石《さすが》にドキリとして龍二が芝生を飛んで女の子の方へ走ると、「おこられるよ、ひどいめに合はされるよ」と云つた。龍二が近づくと、平静に返つた女の子は恥かしさで頬を染めながら、それでも思ひきつて、「小学生、今度来た巡査の子な、龍二云ふね、さつきお母ちゃん小学生を呼んでゐた、おつきいおつきい声出して――」とやさしい眸《ひとみ》をした。「わしが小学生云ふのなんで知つてるのぞな」自分の国の言葉を流暢に喋《しゃべ》るこの朝鮮の女の子をまじまじと見ながら、龍二はおくに言葉を丸出しにした。すると今度は女の子の方が笑ひ出して、「小学生は、をかしな日本語使ふのね」と云ふのである。

（池田浩士編『カンナニ・湯浅克衛植民地小説集』）

日本人であるはずの龍二の「日本語」を、植民地の朝鮮人であるカンナニが「をかしな日本語使ふのね」と指摘する、この珍妙さはどうでしょう。「龍二」の「わしが小学生云ふのなんで知つてるのぞな」ということばが「おくに言葉」丸出しであったとしても、四国からやってきた龍二の母語は、これ以外のものではあり得ません。内地日本では、政府によって「国語」＝「標準語」の成立が画策され、学校教育によって普及されていましたが、それとは関係なく、一人ひとりの日本人にはそれぞれの生活する地域に根ざした「日本語」＝「母語」が存在していたのです。そして、植民地において教育されたカンナニが「流暢に喋る」「国語」（標準語）から見ると、それは「をかしな日本語」でしかありませんでした。植民地の朝鮮人が「正しい日本語」を操り、内地からやってきた日本人が「をかしな日本語」を使う――この構造の奇妙さからも、「国語」のもつ不自然さと、ある意味、植民地での、その「国語」教育の「成果」が窺われます。

「ねー日本人は皆嫌ひ、巡査は大嫌ひ、それでもお前は大好き」カンナニは龍二の顔を両手ではさんでのぞき込むやうにしてー「タンシンはお前のことよ。朝鮮語おぼえなさい。わたくしが日本語話せるやうに。ね、そしたらお前と私は朝鮮語と日本語と交ぜこぢやで話できるね。学校の話や、そのほか、いろんな世界中の話、たくさあーんしよう」そこで龍二は朝鮮語を習ひ、カンナニと仲善くすることを誓ふために、カンナニの「指切り」の小指に自分の小指をはさむのだ。（前掲書）

ここでは、龍二という支配者側に立つ者を好きになったカンナニの、たくましい、そして悲しい要求が示されます。「朝鮮語おぼえなさい。わたくしが日本語話せるやうに。ね、そしたらお前と私は朝鮮語と日本語と交ぜこぢやで話できるね」。支配者と被支配者という関係ではなく、対等な人間としてお互いの言葉を覚えよう、そして「朝鮮語と日本語と交ぜこぢやで」話をしよう――これが、現在の「クレオール」（ここでは「二つ以上の言語が接触して生まれた言語」という意味で用います）言語の原点ではないでしょうか。そうすれば「いろんな世界中の話」がたくさんできる。でも、それが叶《かな》う時が来るのだろうか――そんなカンナニの不安が、龍二と「指きり」をする時になかったとは言えないでしょう。私たちは、このカンナニのたくましい言葉を、この時から一世紀を経て現在を生きる私たちに向けられた言葉として、しっかり受け止めなければなりません。

苛烈ないじめにあう朝鮮の女の子をかばおうとする龍二のけなげな姿は、胸打つものがあります。この龍二の淡い初恋は、一九一九年三月一日に起きた三・一事件（独立万歳運動や万歳事件とも言われる）に関わったカンナニの虐殺によって幕を閉じます。龍二は、カンナニが「龍二とカンナニ」と言って見せてくれた作りかけの白い生地の二羽の鳩が真っ赤に血塗られているのを見つけます。そして、それを抱きしめ、「カンナニ、カンナニ」と「狂気になつて」カンナニを探し回る場面で、この小説は終わります。

南洋群島の日本語教育

台湾、朝鮮と同様の「国語」としての日本語教育は、南方のサイパン、パラオなどの南洋群島（ミクロネシア）でも行われました。第一次世界大戦後、一九一九年の対独平和条約によって、日本は国際連盟から南洋群島の委任統治が認められ、一九二二年にサイパン・ヤップ・パラオ・トラック・ポナペ・ヤルートに支庁を置きました。それ以前にも日本は、これらの南洋群島に軍政を敷いて、台湾・朝鮮同様に、日本への同化を目的とした国語（日本語）教育を行なっていました。南洋庁開設以降は、公学校（本科三年、補習科二年）ですべての教科教育が日本語で行われ、総授業の半分は「国語」に当てられました。南洋庁公学校官制第一条に「南洋庁公学校ハ国語ヲ常用セサル児童ニ普通教育ヲ授クル所トス」とあることからも、朝鮮などと同じように島民を「国語ヲ常用セザル」者と呼んで、皇民化政策が採られていたことがわかります。先に紹介した川村湊の『海を渡った日本語』には、その聞き取り調査の中で、一九二六年生まれのポナペ島在住の老人が「学校では東方遥拝《ようはい》や神社参拝をやらされた。ポナペ神社は最初スペイン砦《とりで》のところに作られ、あとで国民学校の前に移された。ご神体《しんたい》を見たら目がつぶれるとおどかされた。公学校で日本語の読み書きを教わったので、話したり、聞いたりするのは困らなかった」と語ったことが記されています。

このように、南洋群島における日本語教育は、言語政策としては朝鮮、台湾などと同一線上にあるものでしたが、他に比して大きな抵抗運動がなかったのは、日本語が、一〇〇〇以上からなる島嶼《とうしょ》間の「共通語」としての役割を果たしていたからだと言われています。

しかし、そこに抑圧的、差別的なものがなかったはずはありません。『山月記《さんげつき》』『李陵《りりょう》』などの小説で知られる小説家中島敦は、一年足らずではありますが、一九四一年からパラオ南洋庁の国語教科書編集書記として赴任しています。その中島敦が、当時の公学校を訪れた際の様子を『日記』の中で「公学校長が一箇の小独裁者として島民に臨みあるものの如し」と綴っています。当時行われていた日本語教育の教室風景の一コマを映し出す『日記』の一部を紹介しましょう。

午前中公学校。偶〻《たまたま》京大の中山医学博士とかの島民児童知能検査に立合ふ。中々面白し。パラオのカナカの方、遥かに此《こ》の地の者より優れたる由。校長及訓導の酷烈なる生徒取扱に驚く。オウクニヌシノミコトの発音をよくせざる生徒数名、何時迄《いつまで》も立たされて練習しつゝあり。桃色のシャツを着け、短き笞《むち》を手にせる小さき［男］少年（級長なるべし）こましやくれた顔付にて彼等を叱りつゝあり。一般に［生徒］級長は授業中も室内を歩き廻り、怠けをる生徒を笞うつべく命ぜられをるものの如し。帽子を脱ぐにも一、二、と号令を掛けしむるは、如何なる趣味にや。

（「日記」昭和十六年十一月二十八日、『中島敦全集3』）

「オウクニヌシノミコトの発音」がよくできない生徒が「何時迄も立たされて練習し」ている風景は、先に見た、植民地台湾の「どろだらけ」と言えない少女の姿に重なります。「短き笞を手に」持った、級長と思しき少年が、怠けている生徒を笞うつように命じられているらしく、「こましやくれた顔」で彼等を叱っています。これは、方言を撲滅するために「方言札」という罰札を作って子供同士を監視させた、内地の日本人のやり方と同様のものです。そして「校長及訓導」の、生徒たちに対する取扱い方は、中島敦が驚くほどの「酷烈なる」もので、この校長の姿は、彼の眼には「小独裁者」に映ったと言います。

中島敦は「土人の教科書編纂《へんさん》といふ仕事の、無意味さがはつきり判《わか》つて来た。土人を幸福にしてやるためには、もつと〳〵大事なことが沢山ある、教科書なんか、末《すえ》の末の、実に小さなことだ。所で、その土人達を幸福にしてやるといふことは、今の時勢では、出来ないことなのだ」（「書簡」昭和十六年十一月九日、『中島敦全集3』）と言って国語教科書編纂の仕事に絶望すると同時に、植民地を支配する側と支配される側の間に横たわる大きな隔たりと、支配する側に立った者の醜悪な姿を正視するのに耐えられなかったかのように、南洋に渡った翌年、一九四二年に帰国します。

拡大する「同化教育」

日本は、満洲事変の翌年、一九三二年に「満洲国」を建国させますが、これは、軍部が清朝の最後の皇帝溥儀《ふぎ》を執政として作った傀儡《かいらい》政権でした。満洲、蒙古《もうこ》、漢、朝鮮、日本の五民族が共同して平和な国づくりを目指す「五族協和」、王の人徳に基づく理想的な土地「王道楽土」をスローガンにしていました。

したがって、日本語は、「満洲」で使用されていた満語（中国語）、蒙古語、朝鮮語、ロシア語の「国語」（公用語）の一つとして、その上位に据えることはできても、唯一の「国語」とすることはできませんでした。しかし、一九三七年の「学校教育ニ於ケル日本語普及徹底ニ関スル件」には、「日本語教師ハ日本語教授ニ際シ単ニ語学トシテ之ヲ取扱フコトナク日本語ヲ通テ日本精神、風俗習慣ヲ体得セシメ以テ日満一徳一心ノ真義ヲ発揚スルニ努ルコト」とあって、日本語教師に、日本語を単に語学として扱わず、日本語を通して日本精神、風俗習慣を体得させることを使命として課していることがわかります。

輸出される「日本文化」（東南アジアにおける日本語教育）

この時期、中国大陸や東南アジア占領地においては、日本軍は特に積極的な宣撫《せんぶ》工作を行いました。数多くの作家、評論家、詩人、画家、漫画家、映画監督、演劇人などの文化人やジャーナリストたちが徴用されてこれに協力し、日本軍の宣伝部隊として南方に派遣されたのです。戦争支援のための大規模な文化人徴用は、日中戦争が始まった一九三七年九月から行われ、久米正雄、川口松太郎、尾崎士郎、丹羽文雄、瀧井孝作、林芙美子、岸田国士《くにお》、菊池寛、佐藤春夫、吉川英治、石川達三、吉屋信子などの著名人が「ペン部隊」として、戦況報告のために中国へ送られました。一九四一年には国民徴用令によって

「軍宣伝部隊」が組織され、寺崎浩、井伏鱒二《いぶせますじ》、小栗虫太郎《おぐりむしたろう》、海音寺潮五郎《かいおんじちょうごろう》、高見順《たかみじゅん》、石坂洋二郎、大宅《おおや》壮一《そういち》、三木清などの文化人が次々とマレー、ビルマ、フィリピン、ジャワ・ボルネオの東南アジア各方面へ送られたといいます（櫻本富雄『文化人たちの大東亜戦争』）。小説家の井伏鱒二は『戦争の横顔』（寺崎浩著）の跋文《ばつぶん》の中で、一九四一年にマレーシア方面に向かう船の中に一二〇人の文化人が同乗していたと記しています。

　インドネシア史研究の第一人者である倉沢愛子は、「宣撫工作の一環として行われたこの時期の日本文化の輸出は、日本は『進んだ』兄であり、『遅れた』東南アジアの弟たちに日本の価値観、文化などを普及する使命がある、という発想から出た同化政策的なものであった」（「グローバリゼーションの中の日本文化」『講座・日本語教育学1　文化の理解と言語の教育』）と分析しています。この倉沢の分析を裏付けるかのように、当時、華北《かほく》占領地の北京中央日語学院（中国人日本語教員を養成するための学校）の教授職にあった秦純乗《はたじゅんじょう》は、その論文「環境と対象―日本語教育の政治的性格について―」の中で、「共栄圏建設の指導者たる日本に対する政治的関係の質とその役割」として、占領地を「日本に対して親邦関係にたつもの（満洲国）、日本を兄とする緊密な友好関係に立つべきもの（中国、泰《タイ》、ビルマ、フイリッピン）、基本的には日本の属領或は新版図として生存すべきもの（マライ、ジャワ、スマトラ等々のインドネシヤ地域)」(『外地・大陸・南方日本語教授実践』)と大別して、日本語教育の政治的役割を強調しています。このような、「進んだ兄＝日本」「遅れた弟＝東南アジア」という思い込みによる国策としての文化政策は、「日本文化の優位性」を知らしめるために展開された「日本文化の輸出」だったと言えるでしょう。

「神の国日本のための戦い」

このような大勢の文化人を前線へ派遣する目的については、占領地における広報活動と、日本語を伝え広めること、そして、「帝国軍兵士に『神の国日本のための戦い』の意味を教育し、士気を高めること」(フェイ＝阮＝クリーマン『大日本帝国のクレオール』)だったという分析があります。つまり、日本語を教え広めることが、「帝国軍兵士に『神の国日本のための戦い』の意味を教育し、士気を高める」ことにつながっていったのです。占領下に置いた人々を「帝国軍兵士」として武器を持たせるには、十分な日本語能力はもちろん、「東亜民族文化における日本文化の優位性」を納得させ、それを精神的支柱とさせる文化理解が必要だったことは、想像に難くありません。

日本語教育史を専門とする多仁安代《たにやすよ》の「陸軍省は兵器の使い方などを早く覚えこませて、国内外の兵士を早く一人前にするために、また異なる言語によって構成された軍隊を統一していく必要から、日本語の簡易化と漢字制限実施を断行した」（『大東亜共栄圏と日本語』）という言葉は、著者の「軍部への評価」とは裏腹に、日本語教育の背負わされた重く酷《むご》いもの、すなわち「負の遺産」を浮き彫りにしています。「他国の戦争」へ赴くために、異言語を覚えこまされる人々の気持ちは、一体どのようなものだったのでしょう。日本語を学習する「他国の人々」を前にして、その人々を「一人前の兵士」として戦地へ送るために「簡易化された日本語」を教える日本語教師の気持ちは、察するに余ります。それすらも想像しようとせず、「軍事上の要請から日本語の簡易化が促された」（『大東亜共栄圏と日本語』）などとして、単に「日本語の簡易化」を是とする立場から「教育政策を含めた日本軍政」を、一部とは言え、「功」と捉えるのは、日本語教育の「負の遺産」の意味を認識していないとしか言わざるを得ません。

日本精神、日本的行動様式、つまり「日本文化」と言い換えられるものは、「日本語」によって伝播できると考えられて、東南アジア各地で「日本語普及運動」が推進されていきます。一九四二年に「昭南島」（シンガポール）では、「まなべ！　つかへ！　日本語を！」という標語のもと、詩人でありドイツ文学者でもあった神保光太郎《じんぼこうたろう》が初代の園長となって「昭南日本学園」が設立されました。

また、同年開設された「南方派遣日本語教育要員養成所」の第一回修了生六九名が、全員フィリピンに派遣されます。この養成講習は第六回まで行われ、修了した日本語教員は、陸軍属（判任官）または陸軍司政官（奏任官）という身分で、すべて軍の命令に従わなければなりませんでした（木村宗男「戦時南方占領地における日本語教育」『講座日本語と日本語教育15　日本語教育の歴史』）。

時は前後しますが、一九三九年六月に開催された国語対策協議会（植民地・占領地統治機関の関係者や学者たちが出席した）の冒頭で、当時の文部大臣荒木貞夫は次のよう述べています。

其ノ武器ハ日本語ナリ

抑々《そもそも》我ガ国語ハ我ガ国民ノ間ニ貫流スル精神的血液デアリマシテ、我ガ国民ハコノ精神的血液ニヨッテ鞏《かた》ク結バレテヰルノデアリマス、今ヤ我ガ国ハ八紘一宇《はっこういちう》ノ大理想ニ基ヅキ、東亜新秩序ヨリ進ンデ世界平和招来ノ基礎ヲ樹《た》テントスル時、コノ精神的血液ガ東亜諸民族ノ間ニ我ガ国語ヲ通ジテ流レマスナラバ、此《こ》ノ大業貫徹ニ相互協同ノ実ヲ挙ゲ得ルノデ此ノ目的達成ノ為ノ重要ナル施策タルコトハ言ヲ俟《ま》タヌ所デアリマス

（中内敏夫編『ナショナリズムと教育』）

この会議の出席者の一人であった国文学者久松潜一《ひさまつせんいち》は、次のように発言しています（原

文はすべて漢字カタカナ文)。

私としては国語と云ふものが普及しますることは八紘一宇の精神に基くところの東亜新秩序を建設する為の非常に重大なる問題であると信じて居ります、……一つの問題として日本語の普及は日本精神をば光被させることである、日本の文化を真に其処《そこ》に植付けることが日本語を真に理解させることであることを感じまするし、其《その》意味に於て日本語の普及は単に言葉の問題ではなく、言葉が単なる機械的のものでなくして、さう云ふ精神的な意味を有して居ること、即ち日本国民の国語が国民の反映であり、国語は国民の慈母であると云ふ、さう云ふ意味に於ての国語が真に意味を有《も》つて居ると思ひます、同時に日本語に依るところの日本文化の普及と云ふことは、少くとも国語其もの丶有する本質や、本義に立脚することが必要であらうと思ひます、即ち国語を通しまして言葉の問題とか或は日本語の特色と云ふやうな点に於て日本の性格もしくは日本的な精神が漲《みなぎ》つて居ると思ひます、従つてさう云ふ日本語の中にあるところの日本的な性格、日本的な精神と云ふものをばはつきりと理解させることの上に日本精神を光被させますことが必要であることを感じました、　(前掲書)

また、国語教育学専門の石黒修《よしみ》は、一九四一年に『日本語の世界化―国語の発展と国語政策――』を著し、その中で次のように述べています。

八紘一宇の大理想に基づき、東亜新建設をなすには、日本語の普及をもつて根底とする。いはゆる日本精神・日本文化の宣揚も、わが国策の遂行も、日本語の普及にまつところが多いことは、しばしば識者によつて唱へられ、わが当局者、例へば文部省なども、これを認め、やうやく必要な手段を講じつゝある。由来言語は民族にとつて重要な構成的概念であり、民族精神の外的表現であり、民族言語と民族精神は同一のものであるとさへいはれてゐる。日本語が前進しさへすれば日本精神は随行する。日本語を普及させることは、その相手に日本国民の思想、考へ方を植ゑつけ、感動をあたへることである。すくなくともそれらを理解させることである。そこに日本語普及の意義があると思ふ。

これらの役人・学者たちの弁を総括するように、一九三九年六月に興亜院文化部第三課の起草した「㊙日本語普及方策要領」には、以下のような文言があります。

興亜工作ノ根本ハ、皇道精神ヲ中核トシ生命ヲ帰一スル教育ニシテ、内ニハ大陸民族ヲ指導シウル純正日本人ヘノ錬成ト、外ニハ青少年ノ教育ト一般民衆教化ニ俟《ま》ツヘシ。其ノ武器ハ日本語ナリ。日本語普及ヲ広ク徹底シ亜細亜《アジア》語タラシムルト共ニ、世界語タラシメンコトヲ期ス。

（駒込武『植民地帝国日本の文化統合』）

これらの言説は、すべて「精神的血液」「民族」「日本精神」「日本文化」というキーワードで結ばれています。そして、「民族精神」として括《くく》られるそれらのものを伝播するのが、「国語」であれ「日本語」であれ、「民族言語」ということになるのでしょう。当時の日本は、軍部も政府も、そして学者までもが（むしろ、学者が中心となって、と言うべきかもしれません）、このような言語観を持ち、このような言語観に支えられて、「八紘一宇の大理想」を求め、侵略戦争の道を邁進《まいしん》していったものと思われます。そのための大きな役目を担い、そのための装置として大きく機能していたのが、当時の「日本語教育」だったとも言えます。「内ニハ大陸民族ヲ指導シウル純正日本人ヘノ錬成ト、外ニハ青少年ノ教育ト一般民衆教化ニ俟ツヘシ。其ノ武器ハ日本語ナリ」の言葉が示すとおり、「内地」（日本本土）では純正日本人を作り出し、「外地」（植民地）では民衆を教化する、まさにその「武器」こそが「日本語」であり、「国語」であったのです。

言語の「暴力性」

「武器」のもつ「暴力性」については、誰も否定しないでしょう。しかし、本来、人と人とをつなぐ役割を果たすはずの「言語」が「武器」として使われたのが、植民地統治時代の歴史的事実です。しかも、「言語」が「武器」としてその「暴力性」を露わにしたのは、「外地」ばかりではありません。「内地」においても、一九二三年、東京・神奈川を中心とした関東一帯に甚大な犠牲をもたらした関東大震災時に、それを見ることができます。当時の混乱の中、民衆の間に「暴徒と化した朝鮮人が井戸に毒を入れ、放火している」というデマが伝わり、道行く人に「十円五十銭」や「ガギグゲゴ」などを言わせて、うまく言えないと朝鮮人だ（朝鮮語には濁音と清音の区別がないため、日本語の発音にもそれが影響することから）として暴行し、虐殺しました。また、被差別部落出身者が千葉県で虐殺された福田村事件では、香川県出身の行商人一行が話す方言が朝鮮語と間違われた、という説もあります。

他方、第二次世界大戦の終息によって日本の植民地支配から解放された台湾では、一九四七年の「二・二八事件」（戦後、国民党による悪政に対する台湾人の改革要求が武力弾圧され、一万八〇〇〇人以上の犠牲者が出たと言われる）において、本省人（台湾人）は日本語が話せるかどうかで外省人（中国大陸から移住した人々）を区別したといいます（何義麟「戦後台湾における日本語使用禁止政策の変遷―活字メディアの管理政策を中心として―」『台湾・韓国・沖縄で日本語は何をしたのか』）。

これらの歴史は、「言語」が「差別」や「排除」を生み出す装置として機能し、「言語」

が人を選別する「武器」として「有効に」働くものであることを物語っています。

「その武器は日本語なり」という言葉からは、「民族」「日本精神」「日本文化」＝「日本語」「国語」という図式が「差別」「排除」という暴力的なものへと容易に転移するさまが、見て取れます。この言葉によって、平和な時代からは決して見えなかった、「言語」のもつ危うい一面が浮き彫りにされます。私たちが学ぶべき、日本語教育の背負う「負の遺産」とは、まさに「その武器は日本語なり」という言葉が指し示すものではないでしょうか。「言語」が「差別」や「排除」という暴力的なものと結びつく――この可能性は決してゼロにはならないことを、私たちはしっかり認識しておかなければならないと思います。

日本語から〇〇語へ

温存されるキーワード　「民族」「日本精神」「日本文化」「日本語」

さて、こうして歴史を振り返ってみると、戦前の日本は「多民族国家」であったことが理解されます。社会学者小熊《おぐま》英二《えいじ》はこれについて、以下のように述べています。

> **「日本文化＝日本語」という図式**
>
> 大日本帝国は多民族帝国であった。この事実は、時として忘れられがちである。だが一八九五年に台湾を、そして一九一〇年に朝鮮を併合し、一九四五年にそれらを喪失するまで、この帝国は総人口の三割に相当する異民族を臣民として包含していた。そして当時の日本知識人にとって、その多民族帝国内部のエスニック関係をどう調整

してゆくかは、重要な課題の一つであった。

（小熊英二「有色の植民帝国――一九二〇年前後の日系移民排斥と朝鮮統治論――」『ナショナリティの脱構築』、傍線引用者：以下同様）

小熊英二の言うとおりだとしたら、「当時の日本知識人」は、「その多民族帝国内部のエスニック関係」を調整して行く上で、「日本語による日本文化の伝播」という思想を支柱にしたと考えられます。そして、そこにある「民族」「日本精神」「日本文化」＝「日本語」「国語」という図式が容易に「暴力的なもの」に結びついていくありさまについては、これまでに見たとおりです。

しかし、この「日本文化＝日本語」という考えは、決して過去のものではなく、現在まで連綿と続く思想でもあります。むしろ、一九四五年（昭和二十）の敗戦の結果、それまで包合していた異民族を喪失したことによって、「単一民族・単一言語国家」という、完全に幻想的な空想に基づく「想像の共同体」が生み出され、より強固な「日本語＝日本文化」という固定的で画一的な本質論的文化主義が現出する可能性が強くなったと言えるのかもしれません。

だれの「日本文化」？

日本語は他の言語との交渉は少いと言ってよい。それは日本が世界で珍しい、一言語・一民族の国家だからである。すなわち、日本は日本語を話す日本民族だけから成っている国家だということである。本多勝一氏は、こういう考えに対して、北海道にアイヌ語を話すアイヌ民族がいることを忘れてはいけないと警告している。日本に住み朝鮮語を話す韓国人の数は、それよりも多い。が、全般的に見て、まあこの程度なら、見事な一言語・一民族の国家である。

（金田一春彦「日本語はどんな言葉か」『日本語講座1　日本語の姿』）

ここでは、大らかに、そして高らかに「一言語・一民族の国家」日本が宣言されています。アイヌ民族や在日韓国人の存在に触れながらも、「全般的に見て、まあこの程度なら、見事な一言語・一民族の国家である」と言い切り、「まあこの程度なら」と、マイノリティーはばっさり切り捨てられるのです。

文法は普遍的事実すなわち法則であるが、同時に文法は民族文化であるから、民族の個性によって成立するのである。英語に英語の文法、日本語に日本語の文法、中国語に中国語の文法、アイヌ語にアイヌ語の文法があり、それぞれの個性によって成立つのである。

（金田一京助『日本語の変遷』）

日本語の系統を明らかにすることは、日本人の生活と精神の歴史を明るみに持ち来すための一つの手順である。（大野晋『日本語の世界1　日本語の成立』）

私にとって「日本語とは何であるか」という問いは、一つには日本語の歴史の記述という形をとって答えられるべきものと思われたのである。（前掲書）

文法を「民族文化」と捉え、その「日本語の系統を明らかにすること」が「日本人の生活と精神の歴史」を明らかにするというこれらの言説は、先に見てきたように、戦争中の日本語普及を支えたような、「民族」「文化」「日本精神」と日本語とが一体であるという空想的観念に貫かれています。これらを端的にまとめると、次のような図式が成立するのでしょう。

日本語を全般的にみた場合、第一に注意すべきことは、日本語、日本、日本人のこの三つが等式の関係でつながれることです。

日本語＝日本人の言語＝日本で行われる言語（金田一春彦『日本語の特質』）

そして、これらの言説は、とうとう、あけすけに「祖国とは国語である」と公言して憚《はばか》らない、最近の次のような「思想」に収斂《しゅうれん》していきます。

祖国とは国語である。……祖国とは国語であるのは、国語の中に祖国を祖国たらしめる文化、伝統、情緒などの大部分が包含されているからである。血でも国土でもないとしたら、これ以外に祖国の最終的アイデンティティーとなるものがない。

（藤原正彦『祖国とは国語』）

現代人であるはずの論者による右の言説は、一〇〇年以上前の近代国語学の祖である上田万年《かずとし》の著書『国語のため』の扉にある「国語は帝室の藩屏《はんぺい》なり、国語は国民の慈母なり」という有名な言葉に集約される「明治時代の言語意識」そのものではありませんか。

「国語」というものが明治期にさまざまな抑圧を伴って創出され、人々に強いられてきたものであること、「祖国」にしても、「日本」という国家を人々が意識したのは明治以降であることは、「国語から日本語へ」で見たとおりです。「祖国を祖国たらしめる文化、伝統、情緒」とは、現在まで超歴史的に存在しているわけではなく、そこには「国語」「国家」では括《くく》ることのできない多種多様なことばと人間が変転とともに存在することも、私たちは明らかにしてきました。そもそも、アイヌ民族や在日コリアン、沖縄の人々、また、国際結婚や移住などの理由によって、日本国籍を余儀なくされた人々、日本語を母語として使うことを余儀なくされた人々が、「祖国とは国語である」という謂《い》いをどのように受け止めるのか、この言葉にはその想像力すら感じられません。それは、「日本語＝日本人の言語＝日本で行われる言語」のように「日本語」「日本人」「日本」の三つを安易に等式の関係で結ぶ考え方も同様で、むしろ、このあまりに単純化された雑駁《ざっぱく》な認識こそが、「日本語」を「差別」「排除」という「暴力」へ向かわせたのかもしれません。

「日本語」「日本人」「日本」に共通するのは「日本」という国家の枠組みであり、それを「日本社会」として、そこに「日本文化」（＝「国民文化」）が存在すると考えるならば、その「文化」とは、どのようなものなのでしょう。「タテマエとホンネ」「察し」「甘え」「和」といった「日本人の行動様式・思考様式」に関する言説は、枚挙にいとまがありません。「日本語」「日本人」「日本」を等式で結び、それをあたかも単一のものとして固定的に類型化していくことによって、その「内部」において、一人ひとりの「個」としての存在が消されることを、その類型から「逸脱」するものが排除されることを、それが「暴力」につながることを、私たちは、先人の残した「負の遺産」から学び、重く受け止めなければならないと思うのです。

「祖国を祖国たらしめる文化、伝統、情緒」とは、一体、いつの、誰のものを指しているのでしょう。筆者には、それは、これを述べる「その人」の恣意《しい》的な好みとしか思えません。

「言語に刻印された文化」？

日本語教育の「負の歴史」を支えた「言語＝文化」という言語観は、決して過去のものではありません。むしろ、敗戦後、日本国家が日本列島に収縮したことによって、「日本語＝日本文化」という図式が揺るぎないものとして標榜《ひょうぼう》されるようになり、現在では、その図式に「アイデンティティ」というキーワードが加わって、いっそう強固なものとなった感さえあります。たとえば、ある社会言語学者は、次のように述べます。

> 言語に人々の文化が刻印されているものであるとすれば、異なる言語には異なる文化が刻印されているものとして捉えねばならない。いいかえれば、言語はそれを使う人々のものの見方や行動としての文化を反映している。こうしてみると、二一世紀の課題である地球の健全な保持のためには、西欧主導によるグローバリゼーションに対抗し、多言語、多文化を維持し、異なるものを尊重することの重要性が確認される。求められているのは、人々がそれぞれの地理的・気候条件の下、それぞれの歴史の中でつむいできた環境に適応した独自の文化を築いてきたことを認識することであろう。
>
> （井出祥子「異文化コミュニケーション学―共生世界の礎を求めて―」『講座社会言語科学1　異文化とコミュニケーション』）

「異なる言語には異なる文化が刻印されている」「多言語、多文化を維持し、異なるものを尊重することの重要性が確認される」。これは、ある意味、侵略戦争下の日本語教育が残した「負の遺産」に対する反省として生まれた言説とも言えるでしょう。自民族の言語・文化によって他民族の人々を「同化」しようとしてはいけない、他民族の言語にはそれぞれの文化が刻印されているのだから、等しく尊重されなければならない、という「戦時下の日本語教育」の反省に基づく主張です。

しかし、ここには、同じ言語を話す人々には「それぞれの地理的・気候条件の下、それぞれの歴史の中でつむいできた環境に適応した独自の文化」を反映した「均質な文化的アイデンティティ」が共有されるという前提があることは、次の文章を見れば明らかです。

言語はコミュニケーションの手段であると言われる。しかし、言語は他の仲間との境界を作り、仲間を仲間としてまとめるものでもある。この言語の働きが、人々のアイデンティティを形成するのである。……言語のもうひとつの働き、仲間の連帯を作るという働きからみると、言語は同じ言語を話す人々のアイデンティティの源であり、共同体の文化の根幹となるものである。動物は、本能として群れを作るものだが、人間もその例外ではない。人間の群れの境界線として機能している異なる言語は、それを話す人々のアイデンティティの基となる文化を支えている。

これは、上田万年の「言語はこれを話す人民に取りては、恰《あたか》も其《その》血液が肉体上の同胞を示すが如く、精紳上の同胞を示すものにして、之《これ》を日本国語にたとへていへば、日本語は日本人の精神的血液なりといひつべし。日本の国体は、この精神的血液にて主として維持せられ、日本の人種はこの最もつよき最も永く保存せらるべき鎖《くさり》の為に散乱せざるなり」（上田万年「国語のため」『明治文学全集44』）という、国語の存在を民族の精神や文化と直結させてその存在を顕揚《けんよう》せんとした言説を、そのまま現代語訳したものではないでしょうか。そこには一〇〇年を経た現在もなお、同じ言語観が脈々と受け継がれていることがわかるでしょう。

（前掲書）

同じ言語には同じ文化が刻印され、同じ言語を話す者はみな同じ文化的アイデンティティに属している——これらの言説から窺える、言語を同じくする者に等しく共有される均質な「文化的アイデンティティ」という捉え方は、固定的で画一的な本質論的文化主義以外の何物でもなく、いくら多言語、多文化を維持し、異なるものを尊重する重要性を説いたところで、その「多言語・多文化主義」は、結局、「単一言語・単一文化主義」を複数にして並べたてただけのものでしかあり得ません。そうである限り、同化を強いてはならない異なる文化とは、あくまで単一に括られた「他文化」に過ぎません。それと同時に、「自文化」の内部においては、実際には異なるものを「独自の文化」へと単一に括り、均質なものを求めています。つまり、そのような言説は、それぞれの文化をあくまでも単一体であるとし、それぞれの内部において、その構成員すべてに同じ一つの文化への同化を強いていることと同じなのです。

　言語を「共同体の文化の根幹」と考え、「自文化」以外のものに「異文化」のレッテルを貼ることは、日本人にとって日本文化は異文化ではない、さらには、日本人でなければ日本文化は理解できない、という危険な論理に結びつき、「日本人」と「外国人」、「我国」と「外国」という対立の場を作り出して、それを強化することになります。それが容易に「差別」「排除」という暴力に結びつくことは、言うまでもないでしょう。

「言語が境界を作る」？

　また、ある日本語教育学者は次のようにも述べています。

> 元来言語とは自他とのコミュニケーションの手段であると同時に、自他を隔てる障壁の手段ともなるものです（井出、二〇〇二）。後者の「自他を隔てる」とは自集団の凝縮性を確保する手だてと言い換えることもできます。つまり、自分や自分の所属する民族集団を他者や他の民族集団から区別する象徴ともいえ

るものです。平たく言うと、日本人は日本語を使うから日本人なのであって日本語ができなければいくら顔かたちが日本人であっても日本人とはいえません。

（岡崎眸「内容重視の日本語教育」『ことばと文化を結ぶ日本語教育』）

引用部分の後に、日本社会に住むすべての人々に母語保持の権利が平等に与えられるべきであると主張されるので、あえて「民族の凝縮性を確保する」という言語の役割に言及して「平たく言うと、日本人は日本語を使うから日本人なのであって日本語ができなければいくら顔かたちが日本人であっても日本人とはいえません」と述べたと思われます。しかし、それがレトリックの問題だとしても、関東大震災の際に流布したデマにより、「十円五十銭」と言わせて朝鮮人を探し出そうとした根拠が、このような考えにあったことは否定できません。現在においても、日本国籍を持ちながらも中国語を母語とする中国帰国者には、「排除」を意味する言葉として受け取られかねないでしょう。

「境界を作る」「自他を隔てる」という役割を実現するための言語――この「言語の機能」、というより、その「捉え方」こそが、差別と排除を生み出すのではないでしょうか。

「アイデンティティ」と「言語」

言語が、常に「同じ言語を話す人々のアイデンティティの源であり、共同体の文化の根幹となる」わけではないことも、また明らかでしょう。言語が民族的アイデンティティを表す一つの方法でしかないのは、たとえばアイヌの人々や在日コリアンが置かれた状況を考えてみれば、すぐにわかります。アイヌ語は、今や絶滅の危機に瀕する言語と言われていますが、アイヌ語が話せなくても「自分はアイヌ民族である」と意識しているアイヌ人は大勢います。また、在日コリアンのある世代には日本語しか話せない人々もいますが、「自分は韓国人、朝鮮人である」という意識を強く持つ人々もいるのです。

社会言語学者のダニエル・ロングは、論文「日本における言語接触とバイリンガリズム」（『日本語学』一九九八年九月臨時増刊号）の中で、「聾唖者《ろうあ》」というコミュニティに言及し、「日本国内に、自分たちは日本民族と自覚しながらも、自分の母語は日本語ではないと主張するコミュニティもある。それは、聾唖者であり、彼らの母語は日本語とは異なった言語体系を持つ日本手話である。しかし、耳が不自由ということは障害でありながら、彼らにとって、自分たちのアイデンティティの根元にもなっている」としています。さらに、「アイデンティティと言語保持」の問題について、次のように述べます。

当然のことであるが、ある民族の言語を話せる人がいなくなり、言語が完全に失われた場合、その民族に属している人の民族的アイデンティティがいくら強いものであっても、言語を介してそのアイデンティティを表すことはあり得ない。アイヌ人はいくらその民族的アイデンティティが強くても、アイヌ語が話せなかったら、自分のアイデンティティを示すのに、別の方法（アイヌの伝統芸能をやるなど）を探さなければならない。したがって、民族的なアイデンティティを保持するためには、言語の使用は必ずしも必要とは限らない。米国の黒人は最近自分たちのことを「アフリカン・アメリカン」、つまりアフリカ系アメリカ人、と自称するようになったが、アフリカの言語の話せるアメリカ人の黒人はほんのわずかにすぎない。これは先祖の言語を保持せずに、自分たちの言語的アイデンティティを保持するという行為である。

「言語」を、「アイデンティティの源」「共同体の文化の根幹」「自集団の凝縮性を確保する手だて」（これらはすべて、戦時下においては「日本精神」と考えられていました）と捉えることによって、多種多様な言語コミュニティに属する人たちが、そこからふり落とされていきます。ダニエル・ロングが指摘するとおり、「先祖の言語を保持せずに、自分たちの言語的アイデンティティを保持する」ことは可能なのです。「民族的アイデンティテイ」を「言語」のみに求めることは、「言語」にそれが見出せない人々を「排除」することにつながっていきます。私たちが最も慎重であらねばならないのは、「他言語」=「他民族」、「同じ言語」=「同じ民族」という捉え方なのです。

「日本語」の境界線は？

筆者は、決して「言語は文化ではない」と考えているわけではありません。「言語は文化の一つである」と認めると同時に、さらに根本的に問題視しなければならないのは、「文化」や「言語」というものの捉え方であると考えています。

これまで本書の中で見てきたように、「日本語」と単一の固有名詞で呼ばれる言語には、「標準語」に対置されるさまざまな「方言」がありました。そして、一人ひとりが使っている「日本語」を考えれば自明なように、家族と過ごすときに使う「日本語」、学校や職場で使う「日本語」、友だちと話すときに使う「日本語」、会議や講演で使う「日本語」、などなど、場面や相手、年齢や職業などによっても異なるさまざまな「日本語」が存在します。つまり、一口に「日本語」と言っても、一人ひとりの中にすら、無数の言語変種が存在するのです。もちろん、これはどの言語にも共通して言えることですが、そうだとしたら、そこには、その言語変種に応じた無数の「文化」が存在することになるでしょう。

したがって、「日本語＝（単一の）日本文化」という等式は成り立たないのです。と同時に、無数のアイデンティティも存在することになります。そう考えることが、実態に近いのです。たとえば、人は、職場では会社員であったり教師であったり、家庭では父であったり母であったり、また、娘であったり息子であったりと、さまざまな顔を持って生きています。そして、相手や状況によって、自分の中のアイデンティティは変化します。その一つひとつを、無数の人々のアイデンティティと共有する瞬間があるのかもしれません。新しい人生の場面や新しい出会いがあったときに、新しい自分を発見することはありませんか。一人ひとりの「言語」も「文化」も、そして「アイデンティティ」も、単一かつ均質なものとしては決して捉えきれないことこそ、自明なのではないでしょうか。

比較文学研究者であるエリス俊子は、以下のように述べています。

自分の思考の枠組みに寄りかかって相手を見るのではなく、相手の目から自分の視点をとらえ直す気持があれば、世界はちょっぴりずれて見えてくるかもしれません。世界に無数の文化がある限り、言語、文学に限らず、宗教、政治意識、社会通念、日常感覚のどの領域においても、一元的な意味の共有などあり得ないと思います。そこに生ずる様々なずれを無視して、一元的な世界を求めることこそ、差異を抹殺する強圧的姿勢というべきでしょう。むしろ、お互いのずれに対して積極的であること、そして少しずつでもそのずれを相互的に受けとめ、感じとることができれば、異文化間交流はずっとダイナミックなものになるかと思います。

（エリス俊子「日本語・日本人・日本文化」『異文化理解の倫理に向けて』）

人は、常に、他者との関係によって自己のアイデンティティを紡ぎ出していると言えるのかもしれません。差異に満ちた複数のアイデンティティへと道を開く——筆者は、これこそが「言語」の果たし得る機能なのだと考えたいと思います。

境界を越えて――「日本語」の解体

それでは「日本語」と呼ばれる「言語」は、この無数の言語変種（つまりは、無数の文化、無数のアイデンティティ）のどれを指すのでしょう。「これらすべての言語変種を指すのだ」と言ったときに、問われるのは「では、どこまでを日本語と呼ぶのか」という「言語の境界」だと思われます。「日本語」と「中国語」には、確かな「境界」が存在するではないか、と。しかし、それは「国境」のように、本当に確定できるものなのでしょうか。私たちが存在すると信じて疑わない「言語の境界」は、実は、「国境」と同様に、人為的に策定されたものであるのかもしれません。

あらゆる境界線は越えられるためにある。

（多和田葉子『エクソフォニー』）

この言葉は私たちに勇気を与えてくれます。この言葉に励まされながら、最後に、「言語の境界」を越えていく可能性を探りたいと思います。「言語の越境」がなされた時、もはやそこには、単一の固有名詞で呼ばれる「日本語」というものは存在しないでしょう。「日本語」の解体——これが達成された時に、きっと一人ひとりの中に「〇〇語」が誕生するのだと思います。

「日本語教育文法」の見直し

先に、「他者」の視点に立って「外」から「日本語」を眺めるために、日本語教育で扱う文法の一部を紹介しました。しかし、あれは、日本語学の知見に基づいた、これまでの「日本語教育の文法」です。最近では、これまでの「日本語教育文法」は「母語話者の視点」から捉えた「日本語学的文法」であって、これからは「日本語学習者の視点」から発想した文法が必要なのではないか、という議論が起きています。そして、現在、従来の「日本語教育文法」を見直そうとするさまざまな研究報告や教育活動が注目されています。

「〇〇語へ」の一歩として、そのいくつかを見てみることにしましょう。

ことばの研究には、母語以外のことばの習得を扱う「第二言語習得」という分野があります。最近の言語習得理論では、日本語学習者の作り出す「不自然な日本語」を、学習者の視点から日本語をルール化した結果の産物として、「誤用」ではなく「逸脱」（母語話者の規範から「逸脱」しただけのものという意味）ということばで捉えるのが一般的になりつつあります。

「おもしろいでした」と「おいしいだ」

たとえば、学習者の「よく犯す誤用」に、次のようなものがあります。

(1)　日曜日に友だちと見た映画は、とてもおもしろいでした。

(2)　このレストランの料理はとてもおいしいだ。

これは、「母語話者の（標準語の）規範」から見ると、(1)「おもしろかったです」、(2)「おいしい」とされるものです。しかし、「学習者の視点」から考えれば、名詞は「学生でした」、ナ形容詞は「静かでした」と変化するのだから、イ形容詞の過去形も当然「おもしろいでした」だろうと考えて、(1)が生み出されたものと思われます。また、名詞は「学生です→学生だ」、ナ形容詞は「静かです→静かだ」となるのだから、イ形容詞の普通体も「おいしいです→おいしいだ」となるはずだ、と考えたのが(2)でしょう。

この学習者が作り出す「おもしろいでした」や「おいしいだ」といった「中間言語」

（ある言語の習得者に特徴的な、目標言語とは異なる体系を持つ言語）は、地方によっては、日本語母語話者にも抵抗なく使われています。作家井上ひさしは、「小学生の娘が提出する作文の『とてもうれしかったです』『とてもおいしかったです』を、教師が『とてもうれしいでした』『とてもおいしいでした』と訂正するのだが、『おいしかったです』は間違いなのか」という、鹿児島県に住む母親からの相談を紹介しています（『井上ひさしの日本語相談』）。鹿児島のこの先生の目から見れば、「日曜日に友だちと見た映画は、とてもおもしろいでした」という学習者の日本語は、「誤用」でないどころか、「正用」ということになります。ダニエル・ロングは、論文「日本語の非母語話者を研究対象にした新しい社会言語学の可能性」の中で、南大東島で村主催の演芸会を鑑賞していた時に、村長が数百人の前で「今夜は楽しいでした」と挨拶したと述べています（真田信治《さなだしんじ》監修『日本のフィールド言語学』）。

また、「おいしいだ」というイ形容詞の普通体は、東北地方では日常の話し言葉としてごく普通に用いられてもいます。

表２　学習者の文法

	述語形	丁寧形	過去丁寧形
イ形容詞	大きいだ	大きいです	大きいでした
ナ形容詞	静かだ	静かです	静かでした
名　詞	学生だ	学生です	学生でした

日本語学者の野田尚史は次のように述べます。

過去丁寧形についての学習者独自の文法は、不合理な文法規則を合理化しようとする、理にかなったものである。それは、同じような独自の文法が、日本語の方言や子供の言語に見られることからも分かる。鹿児島方言では「暑いでした」のような形が使われ、秋田方言や山形方言では「書いたす」のような形が使われる。また、子供の言語にも、「暑いでした」のような形が現れる。さらに言えば、このような合理化は、将来、日本語全体で起こることも予想される。そうすると、学習者独自の過去丁寧形は、そのような変化を先取りしたものだと言うこともできる。

（野田尚史「学習者独自の文法の背景」『日本語学習者の文法習得』）

「学習者独自の文法」を、日本語の合理化に向かう言語変化を「先取り」したものと考える野田尚史の予想は、学習者の日本語を「誤用」と捉え、それを消滅させることが日本語上達への道であるとしてきた日本語教育のあり方を大きく揺さぶり、これまでの、日本語学に基づく日本語文法の記述にも、大きな方向転換を迫るものだったと言えます。

「日本語教育文法」の限界

これまでの「日本語学的文法」とそれに基づく「日本語教育文法」は、「標準語」に焦点を合わせ、「母語話者の規範」に基づいて記述されたものでした。しかし、おそらくそこから「方言」は排除され、日本語に存在する「位相語」（その人の年齢や立場、あるいは場面によって異なる言語）、つまり、さまざまな「言語変種」は考慮されていなかったと思われます（「方言」や「位相語」に関する研究は「社会言語学」の領域に属します）。この点が、これまでの「日本語教育文法」の限界と言えるのでしょう。これまでの「日本語学的文法」からこぼれ落ちていた多くの「日本語」、そのなかの一つの言語変種に、「ノンネイティブの日本語」（中間言語）があると考えられます。

言語思想史の研究者である安田敏朗《としあき》は、「科学と称されることがらへの懐疑、『透明な日本語』を設定しないと実際には研究はできないにせよ、そもそもそれを設定することへの懐疑を、あえてしてみること」（『日本語学は科学か―佐久間鼎とその時代―』）と述べています。法則性を見出すために捨てられてきた多くの「例外」=「規範からの逸脱」を掬《すく》い上げることによって、「母語話者のアイデンティティ」や「日本語話者の好み」を追求しようとする方向性をシフトさせることができるかもしれません。そして、その可能性に向かうことが、差別や排除という言語の暴力性から逃れうる道であるようにも思えるのです。

ネイティブとノンネイティブの境界は？

これまで何の検討も加えずに、「日本語を母語とする人」を「母語話者＝ネイティブ」、「日本語を母語としない人」を「非母語話者＝ノンネイティブ」として考えてきました。しかし、ノンネイティブすべてが「外国人」というわけではありません。中国帰国者や婚姻などで日本国籍を取得した人などが、日本語を「母語」としないノンネイティブであることは言うまでもありませんが、ここで考えてみたいのは、ネイティブと言われる「方言」話者です。

社会言語学者の真田信治は、ある地域の「方言」を母語とする人が標準語を習得しようとして生じる言語を「ネオ方言」と名付けました。たとえば、九州北西部の方言では、標準語のイ形容詞「うまい」とナ形容詞「変な」を「ウマカ」「ヘンナカ」と言って、どちらも語尾がカとなりますが、近年、イ形容詞を標準語に変換するルール「ウマカ→うまい」をナ形容詞にも適用して「変《へん》ナイ」「楽《らく》イ」という形式が生じました。これは、「ネオ方言」です。また、関西地方の「コーヘン（来ない）」も「ネオ方言」の一つで、これが従来の関西方言「キーヘン」が標準語「こない」の干渉を受けて生じたものです。

沖縄の「君の電話番号をナラワシテ（教えて）」や「味シテミル（味見する）」なども、標準語を「第二言語」として習得しようとして生まれた言語変種の一例です。

現在は東京都に属する小笠原諸島には、一八三〇年（天保元）から太平洋各地と西洋諸国の人々が定住し始め、明治時代になって日本に帰化して「日本人」になった人々の子孫が多く住んでいますが、その「欧米系島民」と呼ばれる人々の日本語には、英語の影響が色濃く窺えるといいます。小笠原諸島の父島には、ヤロウドという木がありますが、これは英語の Yellow Wood が「訛《なま》った」ものです（春日匠「語られざる歴史の島、小笠原の帰属と住民」『小笠原学ことはじめ』）。また、「カリフォルニアで何年もミテいない友達をミタ」「さびしいから、前のクラスメートをミタクなった」「またミルよ」のように「会う」を「ミル」と表現する言い方や、「薬をトル」「シャワーをトル」という表現がありますが、これらは、英語の see や take を直訳したものだろうと、ダニエル・ロングは論文「日本語の非母語話者を研究対象にした新しい社会言語学の可能性」（『日本のフィールド言語学』）の中で述べています。

このように、日本語という一つの言語だけを使用すると思われているネイティブであっても、実は、複数の言語を受け止めながら生きているのです。

これらの例を見てくると、ある地域の「ネイティブ」方言話者が「標準語」（実態は東京方言という「第二方言」）を身に付けようとして生まれた新しい言語変種と、「ノンネイティブ」が第二言語として日本語を学ぼうとして生まれた言語変種（中間言語）の間に、どれほどの差異があるのか、疑問に思えてきます。ネイティブもノンネイティブも、どちらも日本語の中に複数言語を作り出している——そう考えると、ネイティブとノンネイティブを区切る、母語の「内」か「外」かという概念も、もはや無意味に思えてきます。

「母語」＝「日本語」？

さらに、「ネイティブ＝日本語を母語とする人」「ノンネイティブ＝日本語を母語としない人」という捉え方は、植民地における日本語教育の歴史で見た、「内地人」を「国語ヲ常用スル者」、「朝鮮人」を「国語ヲ常用セザル者」とした朝鮮教育令の規定を思い出させます。ネイティブとノンネイティブを区切る「母語」とは一体何なのでしょう。これを問い直してみることこそ、「負の遺産」から学ばねばならないことなのかもしれません。

思想史家の酒井直樹は「母語から始まって、母国語、そして国語に至るまで、それらの統一体は言説において設定されたものであり、母語という考え自体が歴史化されなければならない」（『ナショナリティの脱構築』）と述べています。「母語という考え」を歴史の中で捉え直してみると、「日本語」という言語の括り方が生まれたのは、国家を統一しようとした明治期に、日本国家とともに「国語＝標準語」が創生された時でした。「日本語」という言語の括り方が存在する以前は、たとえば、貴族の儀礼的な言葉、村の人々の日常会話、あるいは武士や町人、商人や農民の言葉といったさまざまな社会階層や使用場面、また個人の教育や教養のレベルなどによって、実用的に言語は区分けされ、認知されていました。そして、それは、社会編制が異なれば連動して変化する流動的なものでもありました。さらに歴史をさかのぼれば、前著『日本語はだれのものか』や本書の「国語から日本語へ」で検証してきたように、日本語は雑種混血の混合言語、つまり「クレオール」（前出同様に「二つ以上の言語が接触して生まれた言語」という意味で用います）だったのであり、現在の日本語もまた、異質のものを吸収しながら日々変化する「クレオール」であり続けていることは、これまで見てきたとおりです（もちろん、これはすべての言語に言えるのですが）。

言語を区分けするのに「日本」という国名を用いたことによって、そこには、あたかも「一つの言語統一体」が存在するかのような錯覚が、私たちの間に生まれてしまったのではないでしょうか。そして、「母語」=「日本語」という捉え方が自明であるかのように、人々に共有されていったものと思われます。

「日本語」「中国語」「韓国語」という国名を冠して言語を区分けしている限り、私たちは、国民、国語、民族、そして、国民文化、民族文化、つまりは「日本精神」というものから逃れることは難しいのかもしれません。ある言語現象や言語形式を「日本語」の特徴として、「日本語」に所属するものとして記述していく限り、そのルーツにもどろう、そこに文化的アイデンティティを求めようという誘惑には、抗《あらが》いがたいのかもしれません。それは、「日本語」ということばの括り方が「言語の越境」を難しくしていることを意味します。

母語として意識化されるものは、あるときには標準語に対する方言であり、あるときには国際語に対する国語であり、またあるときには公的な「書きことば」に対する非公式の「話しことば」であるように、対立項のとり方によっていくらでも変わり得る。母語という統一体の形象と私の関係は全くイデオロギーによって統御されている。

（酒井直樹『ナショナリティの脱構築』）

酒井直樹が指摘するとおりであるとしたら、「言語の境界」を越えるためには、何よりもまず「母語」を固定した一つのものだと考える呪縛から解放される必要があるようです。

エクソフォニー—「母語の外へ出る旅」—

母語の外に出た状態一般をドイツ語で「エクソフォニー」と言います。ドイツ語作家であり、日本語作家でもある多和田葉子の著書『エクソフォニー』には、二〇の都市を巡る「母語の外へ出る旅」(副題)が綴られています。ここに、「母語」の外へ出て「母語」から解放され、

「言語の境界」を越えていく道を見ることができます。

旧フランス植民地であった西アフリカのセネガルでは、つい最近まで、学校へ行って読み書きを習うというのはフランス語を習うことだったそうです。ウォロフ語などの土地の言葉は、長い間文字化されることがなかったので、「書かれた言葉」＝「フランス語」というイメージが定着していて、本を書くと言えば、フランス語で書くのが普通だったのだとか。それが、数年前からウォルフ語で書かれた小説が出版され始めて、確実に読者を増やし、さらに「愉快なことに」、英語で小説を書くセネガル人作家まで現れたといいます。これについて、多和田葉子は次のように語ります。

とにかく、セネガル人には英語で小説を書く理由は全くない。しかし、歴史によってフランス語で書くことを強制されていた過去に抗議する時に、自分の母語に帰還するのではなく、個人の選択の自由を最大限に利用して、全然別の言語を選ぶという態度

に、清々しいものを感じもした。ルーツを求めるのではなく、より遠い異界に飛び立つ独立運動ということならば、ちょっと面白い。（多和田葉子『エクソフォニー』）

「ルーツを求めるのではなく、より遠い異界に飛び立つ」。そもそもこれが「エクソフォニー」、つまり「母語の外へ出る」ということなのでしょう。自分に固有のルーツを求めても、結局そこには、さまざまな混血・混合言語しか見出されないのです。だとしたら、発想を変えてみては、と多和田は提案しているのでしょう。外国語の中に入ってみるのは「母語の外へ出る」一つの方法ではありますが、多和田は「母語の外に出なくても、母語そのものの中に複数言語を作り出すことで、『外』とか『中』ということが言えなくなることもある」と言います。

　私たちはこれまで「複数の日本語」を見つけようとしてきました。「自分を包んでいる（縛っている）母語の外にどうやって出るか？」という多和田の問いかけと、私たちの問題意識は次の点で重なり合います。

　自分のルーツがそこにあるから戻って来たのではなくて、面白い文化がそこにあるから戻って来たのだ。それは所属するための「ふるさと」ではなく、発掘し続けることのできる常に新しい土地なのだろう、（以下省略）。（前掲書）

「自分のルーツ」「所属するためのふるさと」として「母語」を追い求め、そのために「母語」を描き出し、「日本語」という言語統一体を想定していたのでは、固定した一つの「母語」という考え方から解放されることはあり得ません。「言語の境界」を越えるためには、「発掘し続けることのできる常に新しい土地」として、一人ひとりの「言語」を創造していくことが大切なのでしょう。一人ひとりの言語を創造しようとする努力こそが、「母語」という呪縛から解き放たれ、「言語の境界」を越えていく道を開くのだと思います。

その一人ひとりの言語が、もはや「日本語」とは呼べない、呼ぶとしたら一人ひとりの名前を入れるしかない「○○語」なのです。他者に開かれた、他者との相互作用によって変容していくその「○○語」は、だからこそ、常に新しいものであり続けるにちがいありません。

日本語のようなもの

確定した「境界線」を求めて「どこまでを日本語と呼ぶのか」という問いが、これまで数多く出されてきました。それに答えようとすることは、「日本語とはどのような言語か」「日本語とは何か」について考えることです。もちろん、この問いに答えようとした研究によって数多くの知見が生み出されたことも、紛れもない事実です。しかし、「日本語とは何か」という問いに答えるために、日本語を再分析し、日本語の諸現象を再記述してきたことによって、中国語や韓国語や英語ではない日本語という捉え方や考え方も再生産されてきました。言い換えれば、他言語ではない自言語として「日本語」が描き出されてきたのです。それが、「他民族と自民族」、「他文化と自文化」という固定的な二項対立を生み出してきたのではないでしょうか。

多種多様なものが混ざり合ったハイブリッド（雑種）であり、「誤用」から「正用」への変転を繰り返す「日本語」と呼ばれるものは、どこにでも存在するとも、どこにも存在しないとも言えます。それは、おそらく「日本語のようなもの」としてしか括ることのできないものなのでしょう（張小虹「私たちはみんな台湾人のようなもの」『越境するテキスト』）。本書の最後に当たり、一人ひとりの「〇〇語」の最大公約数ではなく、最小公倍数を「日本語のようなもの」と呼ぶことにして、「日本語から〇〇語へ」向かっていこうと、思いを新たにしています。

言語そのものへ——エピローグ

わたしたちは、国語から日本語へ、日本語から〇〇語への道筋をたどってきました。たどり着いたさきに見出したものは、一人ひとりの名前を入れるしかない〇〇語と、その最小公倍数としての「日本語のようなもの」でした。その「日本語のようなもの」とは、実は、これまでの歴史の中で話され、書かれてきたすべての日本語、そして、これからさきも話され、書かれるだろうすべての日本語のことなのです。それこそが日本語である——本書は、この、ごく当たり前の、しかし、ややもすれば忘れがちな単純な事実そのものをもって結論とします。言語とは、それ以上のものでもそれ以下のものでもない、と。それ以上のものでもない、というのは、端的に言って、言語は民族（語）ではないし、まして国家（語）ではない、ということです。言語は、そのようなものがあとから覆いかぶさってくる以前から存在していています。また、それ以下のものでもない、というのは、まさにその言語の存在こそが、人間の社会的生活そのものの成立を条件付ける、ということです。その事実からすれば他はすべて、後付けされたものに過ぎません。

ソシュール

振り返ってみれば、二十世紀は、言語思想に関する二つの大きな転換を経験しました。一つはソシュール（一八五七―一九一三、『一般言語学講義』〈死後出版の講義録〉によるものであり、もう一つはウィトゲンシュタイン（一八八九―一九五一、『論理哲学論考』、『哲学的探究』〈未完の草稿〉）によるものです。ソシュールは、言語記号の「恣意《しい》性」ということを強く主張しました。一つひとつの記号の価値は、観念や対象との対応を根拠とするのではなく、記号同士の差異、つまり、一つの記号と他の記号とのあいだの相互関係によって決められる、さらに言えば、その相互関係によってしかそれぞれの価値を決定することはできない、というのです。その主張によれば、人間が自分の体験や思想を、記号と記号の網の目によって切り分けて表現するとき、それをどのような形で切り分けるかは、記号と記号の配置によって変わってくる、そして、その配置の仕方は、何か根拠や規則があるというよりも、根本的に、恣意的で任意なものに過ぎない、ということになります。

確かに、われわれのものの考え方や見方は、言語の基底的な仕組みや構造（ラング）によって規定されています。しかし、言語記号がもともと恣意的であるということは、同時に、その記号が織りなす体系（システム）自体が組み替え可能である、ということを意味します。個々の人間が言葉を発する場合、往々にして、何かを表現するのに記号が足りなかったり、ずれていたり、不十分であったりする状況が生じます。そのときには現実の必要に応じて、別のもので代用したり、補ったりすればよいし、必要ならば新たに作り出してもよいのです。人類はそれを繰り返してきました。そのような発話行為（パロール）の膨大な積み重ねの結果、記号のシステムそのものに大きな変動が生じます。言語はそのようにして変化し、これからも、そのように変化していく——これが単純な事実です。それを、画一的な観念や心性によって固定することなど、とうていできません。本書はこの立場に立っています。

ウィトゲンシュタイン

また、ウィトゲンシュタインは、語の意味とはその慣用的な使用法のことであり、言語を理解するとは、その使用法に習熟してそれを実践することである、と考えました。つまり、言葉を話すことは、人間が、ある一定の共同社会の中で、日常的な生活を慣習に沿ってうまく営むことと同義なのです。それさえ達成されていれば、もうそれだけで、言語はその本質的任務のすべてを果たしたことになります。このウィトゲンシュタインの考えのすごさは、言葉や語の背後に、何らかの意識や心的過程、イメージや観念の存在を仮定して考えた従来の（主観主義的な）考えを、真っ向から覆したことにありました。彼の主張に従えば、言葉や語にもともと張り付いていると思われてきたイメージや観念は、言語に付随してあとから生じることはあっても、言語そのものを構成するものでは決してない。主観的意識による認識や認知を仮定し、それに言語を結び付けて考えるのは、後付けの解釈に過ぎないのであって、言語の本質とは別のところにある——ということになります。

このウィトゲンシュタインの考え方もまた、わたしたちに、大切でしかも単純な事実をはっきりと見せてくれます。ある一定の共同社会の中で、言語は、それが現にあったような仕方で使われてきたし、また、今後も、将来それがあるような仕方で使われていくであろう、という事実です。言語にとっては、それで十分なのです。どんな言語であれ、ごく当たり前の日常言語の中には、人間の英知と技術の粋がとうの昔に実現されていて、あとからそこに、人工的に（「さかしらに」）何かを付け加えて解釈したり、「正しく」矯正したたり、「理想的に彫琢《ちょうたく》」したりする必要など、まったくないのです。

曇りのない目で

言語思想におけるこのような転換を経験したはずの現代のわたしたちは、しかし、本当に曇りのない目で言語を見ているのだろうか、逆に、何か過剰で余計なものを覆いかぶせ、押し付けてはいないか――そんな疑念から本書は出発しました。そして、冒頭のプロローグで述べたように、偏狭な色眼鏡を捨てて、できる限り日本語の「ありのままの姿」を捉えようと努力してきました。その道筋に一人でも多くの方々の共感を得られたならば、筆者にとって、それに勝る喜びはありません。

あとがき

前著『日本語はだれのものか』では、書店に並ぶ、「美しい日本語」を賛美する種々の「日本語本」に異議を唱えようとして、変化し続ける日本語の多種多様な姿を描き出し、「だれのものでもない日本語」を主張した。あれから四年が経って、日本社会は、前首相の漢字誤読によって拍車がかかったかのように、よりいっそう「正しい日本語」を求めて右へ右へと進んでいるように見える。「祖国とは国語である」とまで言い切る言語ナショナリズムに触れるにつけ、一石とまではいかずとも小砂利ぐらいは投げたつもりだったのに……、これも自分たちの力不足ゆえか……と情けなくもあり、さびしくもあった。

折しも、今年は太宰治生誕百年にあたり、桜桃忌を過ぎた現在も、太宰関係の話題がマスコミを賑わせている。NHKが太宰治を番組として取り上げていた。作家の井上ひさしが、時を経て太宰が若者の心をとらえ続ける理由を語っていた。「どんな悪人にも、心がきらりと光る瞬間がある。その一瞬を太宰はとらえて、見事な日本語で我々に伝えてくれた」。と、ここまでは「うーん、いいこと言うね。さすが、井上ひさし」と頷いた。ところが、そのあと、「シェークスピアはイギリス人にしか分からないというが、太宰の小説を読むとき、私は、本当に日本人に生まれてよかったと思う」と続けたのには、ビックリ仰天した。筆者も太宰ファンの一人であるが、太宰の小説を読んで「日本人に生まれてよかった」などとは、かつて一度も思ったことがない。太宰をそんな小さなところに閉じ込めないでほしい。思わずテレビに向かって叫んでいた。

筆者は、以前、留学生とともに太宰治の小説を読んだことがある。『走れメロス』『桜桃』『ヴィヨンの妻』をいっしょに読んだ。さまざまな国からやってきた留学生たちは、メロスの葛藤に共感し、太宰の家族への思いを理解し、敗戦直後の価値観の変動に対する太宰の苦悩について、戦争体験のない筆者といっしょに考えた。日本人とか外国人とかいった枠を超えて、大変充実した時を共有した。そういう記憶だけが今も残っている。

「日本人でなければ理解できない」——このような考え方は、思い込みに過ぎないばかりか、大変危険な局面へつながっていくことを、本書を読んだ方には理解していただけたかと思う。日本在住の外国人の数を「そのくらいであれば、まあ、日本は一民族一言語の国家と考えていいだろう」と捉えるのは、「マイノリティの切り捨て」である。そして、自分はマジョリティ側にいると思い込んで安穏とする、傲慢さである。「そのくらいであれば、気にしなくていい」という考え方が、外国人に限らず、さまざまに意味付けされてマイノリティへと追いやられた多くの人々を、切り捨ててきたのだ。私たちは、そのことを忘れてはならないと思う。

言語の越境――これが、本書のテーマである。言語の境界を越えるには、何も、多くの言語に堪能である必要はない。もちろん、多くの言語の存在を知る大切さは、これまで述べてきた通りだ。しかし、母語を共有する人とは理解し合えても母語の異なる人との理解には限界がある、と考えるのは、誤りである。SOVやSVOといった言語の形式や、それを取り巻く社会や文化、そして、言語が支配する（とされる）認知構造などの、あらゆる差異を越えて、その先にある、一人ひとりの「心がきらりと光る瞬間」は、おそらく、人々が普遍的に共有できるものだろう。言語にはそれを伝える力がある。それが、一人ひとりの「〇〇語」になるはずだと思いたい。時代を越え、国境を越えて愛読される太宰治の生誕百年に、図らずも、井上ひさしが教えてくれたことであった。

本書執筆にあたっては、それぞれが専門外の分野に言及する場合も多く、数え切れないほどの文献に助けられた。可能な限り本文中に示したつもりであるが、紙幅の都合上、限られた参考文献名しか挙げられなかったことを、深くお詫び申し上げる。

なお、プロローグ、エピローグ、及び第一章は角田史幸、第二章は川口良が担当した。前著に続き、本書の出版を快くお引き受けくださった吉川弘文館、そして編集で大変お世話になった宮川久さん、並木隆さんには、深甚なる感謝の意を表したいと思う。

二〇〇九年六月

川口　良

角田史幸

参考文献

ベネディクト＝アンダーソン『想像の共同体』（白石さや・白石隆訳）NTT出版、一九九七年
イ＝ヨンスク『「国語」という思想―近代日本の言語認識―』岩波書店、一九九六年
石川九楊『二重言語国家・日本』NHKブックス、一九九九年
稲賀繁美編『異文化理解の倫理にむけて』名古屋大学出版会、二〇〇〇年
今福龍太『クレオール主義』ちくま学芸文庫、二〇〇三年
植田晃次・山下仁編『「共生」の内実―批判的社会言語学からの問いかけ―』三元社、二〇〇六年
小熊英二『単一民族神話の起源―〈日本人〉の自画像の系譜―』新曜社、一九九五年
小熊英二『〈日本人〉の境界―沖縄・アイヌ・台湾・朝鮮植民地支配から復帰運動まで―』新曜社、一九九八年
亀井　孝「古事記はよめるか」『古事記大成』第三巻、平凡社、一九五七年
亀井孝他編『言語学大辞典』三省堂、一九八八年～
金澤裕之『留学生の日本語は、未来の日本語―日本語の変化のダイナミズム―』ひつじ書房、二〇〇八年
金　達寿『朝鮮―民族・歴史・文化―』岩波新書、一九五八年
木村宗男編『講座日本語と日本語教育15　日本語教育の歴史』明治書院、一九九一年
駒込　武『植民地帝国日本の文化統合』岩波書店、一九九六年

小松英雄『日本語書記史原論』笠間書院、二〇〇六年
子安宣邦「「国語」は死して「日本語」は生れたか」『近代知のアルケオロジー――国家と戦争と知識人――』岩波書店、一九九六年
子安宣邦『「宣長問題」とは何か』ちくま学芸文庫、二〇〇〇年
E・W・サイード『知識人とは何か』平凡社ライブラリー、一九九八年
酒井直樹『死産される日本語・日本人――「日本」の歴史―地政的位置――』新曜社、一九九六年
酒井直樹・ブレッド＝バリー・伊豫谷登士翁編『ナショナリティの脱構築』柏書房、一九九六年
佐々木倫子・細川英雄・砂川裕一・川上郁雄・門倉正美・牲川波都季編『変貌する言語教育――多言語・多文化社会のリテラシーズとは何か――』くろしお出版、二〇〇七年
真田信治監修・中井精一・ダニエル＝ロング・松田謙次郎編『日本のフィールド言語学――新たな学の創造にむけた富山からの提言――』桂書房、二〇〇六年
佐藤慎司・ドーア根理子編『文化、ことば、教育――日本語／日本の教育の「標準」を越えて――』明石書店、二〇〇八年
関　正昭『日本語教育史研究序説』スリーエーネットワーク、一九九七年
田中克彦『ことばと国家』岩波新書、一九八一年
垂水千恵『台湾の日本語文学――日本統治時代の作家たち――』五柳書院、一九九五年
多和田葉子『エクソフォニー――母語の外へ出る旅――』岩波書店、二〇〇三年
陳　培豊『「同化」の同床異夢――日本統治下台湾の国語教育史再考――』三元社、二〇〇一年

寺村秀夫『日本語のシンタクスと意味』Ⅰ・Ⅱ、くろしお出版、一九八二年
西川長夫『国境の越え方―国民国家論序説―』平凡社ライブラリー、二〇〇一年
縫部義憲監修・水島裕雅編集『講座・日本語教育学１　文化の理解と言語の教育』スリーエーネットワーク、二〇〇五年
野田尚史・迫田久美子・渋谷勝己・小林典子『日本語学習者の文法習得』大修館書店、二〇〇一年
野田尚史編『コミュニケーションのための日本語教育文法』くろしお出版、二〇〇五年
古川ちかし・林珠雪・川口隆行編『台湾・韓国・沖縄で日本語は何をしたのか―言語支配のもたらすもの―』三元社、二〇〇七年
細川英雄編『ことばと文化を結ぶ日本語教育』凡人社、二〇〇二年
松浦恆雄・垂水千恵・廖炳惠・黄英哲編『越境するテクスト―東アジア文化・文学の新しい試み―』研文出版、二〇〇八年
フェイ＝阮＝クリーマン『大日本帝国のクレオール―植民地期台湾の日本語文学―』（林ゆう子訳）慶應義塾大学出版会、二〇〇七年
三浦信孝編『多言語主義とは何か』藤原書店、一九九七年
安田敏朗『統合原理としての国語―近代日本言語史再考Ⅲ―』三元社、二〇〇六年
安田敏朗『「国語」の近代史―帝国日本と国語学者たち―』中公新書、二〇〇六年
四方田犬彦『越境のレッスン―東アジアの現在・五つの対話―』丸善ライブラリー、一九九二年
リービ英雄『越境の声』岩波書店、二〇〇七年

著者紹介

川口　良

一九五七年、長崎県に生まれる
一九九三年、お茶の水女子大学大学院人文科学研究科修士課程修了
現在、秀明大学総合経営学部教授

主要著書
日本語はだれのものか(共著)
日本語教育を学ぶ―その歴史から現場まで(共著)

角田史幸

一九五〇年、東京都に生まれる
一九七八年、一橋大学大学院社会学研究科博士課程単位取得
現在、秀明大学学校教師学部教授

主要著訳書
教育の臨界―教育的理性批判(共編著)
誠実という悪徳―E・H・カー　1892―1982(共訳)

歴史文化ライブラリー
290

「国語」という呪縛
国語から日本語へ、そして○○語へ

二〇一〇年(平成二十二)二月一日　第一刷発行

著　者　川《かわ》口《ぐち》　良《りょう》
角《つの》田《だ》史《ふみ》幸《ゆき》

発行者　前田求恭

発行所　株式会社 吉川弘文館
東京都文京区本郷七丁目二番八号
郵便番号一一三―〇〇三三
電話〇三―三八一三―九一五一〈代表〉
振替口座〇〇一〇〇―五―二四四
http://www.yoshikawa-k.co.jp/

印刷＝株式会社 平文社
製本＝ナショナル製本協同組合
装幀＝清水良洋・黒瀬章夫

歴史文化ライブラリー

1996.10

刊行のことば

現今の日本および国際社会は、さまざまな面で大変動の時代を迎えておりますが、近づきつつある二十一世紀は人類史の到達点として、物質的な繁栄のみならず文化や自然・社会環境を謳歌できる平和な社会でなければなりません。しかしながら高度成長・技術革新にともなう急激な変貌は「自己本位な刹那主義」の風潮を生みだし、先人が築いてきた歴史や文化に学ぶ余裕もなく、いまだ明るい人類の将来が展望できていないようにも見えます。このような状況を踏まえ、よりよい二十一世紀社会を築くために、人類誕生から現在に至る「人類の遺産・教訓」としてのあらゆる分野の歴史と文化を「歴史文化ライブラリー」として刊行することといたしました。

小社は、安政四年(一八五七)の創業以来、一貫して歴史学を中心とした専門出版社として書籍を刊行しつづけてまいりました。その経験を生かし、学問成果にもとづいた本叢書を刊行し社会的要請に応えて行きたいと考えております。

現代は、マスメディアが発達した高度情報化社会といわれますが、私どもはあくまでも活字を主体とした出版こそ、ものの本質を考える基礎と信じ、本叢書をとおして社会に訴えてまいりたいと思います。これから生まれでる一冊一冊が、それぞれの読者を知的冒険の旅へと誘い、希望に満ちた人類の未来を構築する糧となれば幸いです。

吉川弘文館

〈オンデマンド版〉
「国語」という呪縛
国語から日本語へ、そして○○語へ

歴史文化ライブラリー
290

2019年（令和元）9月1日　発行

著　者　川《かわ》口《ぐち》　良《りょう》・角《つの》田《だ》史《ふみ》幸《ゆき》

発行者　吉川道郎

発行所　株式会社　吉川弘文館
〒113-0033　東京都文京区本郷7丁目2番8号
TEL　03-3813-9151〈代表〉
URL　http://www.yoshikawa-k.co.jp/

印刷・製本　大日本印刷株式会社

装　幀　清水良洋・宮崎萌美

川口　良（1957〜）
角田史幸（1950〜）

ISBN978-4-642-75690-7